啊可以喝酒嗎？！◎要怎麼給小費？◎在埃及連買水也要殺價！◎「法老」一詞怎麼來？◎古埃及人是
的民族◎路克索－亞斯文的尼羅河南段航行日記◎埃及咖啡館與水煙◎雜貨店、超市平價挖寶◎
埃及象形文字紀念品◎驚險連連的埃及式「過馬路」！◎相機也要買門票喔！◎雕像眼睛的秘密◎
物館是為了不讓古物被西方列強搶光而產生的想法？◎解開所有古埃及之謎的鑰匙◎規模龐大的
物館終於出現對手了？！◎納麥爾色盤解析圖◎別小看提鞋館～不是任何人都能擔任的？！◎創始
階梯形金字塔的左塞爾！◎一白遮三醜的審美觀也跟現代人一樣嘛～◎不被自己的外貌所定義

原來這些名畫其實
人的阿肯納頓◎號稱
老爸改革的兒子◎蝦
？◎黃金面具的鬍子
古埃及的形象◎古埃
◎清真寺參觀禮儀◎
德•阿里是何方神聖？
不太一樣◎建造蘇

都不是油畫？！◎審美觀
埃及第一美女的娜芙蒂蒂
米！圖坦卡門的皇后是他
差一點就救不回來了？！
及的木乃伊除了人，還有
三度繼位與退位的蘇丹
◎咦？這鐘樓和清真寺的
丹哈山清真寺的經費原來

埃及：
開羅 路克索
亞斯文

31

◎ **City Target**

籌集來的？！◎世界上最有名的藍色清真寺在這裡！◎除了大城堡，這裡也可以俯望伊斯蘭區喔！
意的價格？殺價小tips◎功用二合一的建築？◎科普特與科普特教派Copts◎還在襁褓中的耶穌曾
遊？◎他們才是真正的「法老的後裔」？◎天下沒有白吃的午餐◎古埃及人用了將近60年的「實驗」
今天所看到的金字塔…◎一起來聽獅身人面像講故事～◎金字塔可以這樣拍！◎金字塔的興建之
字塔不是奴隸建出來的喔！◎太陽船其實沒有什麼實際用途？！◎獅身人面像的未解之謎？◎沉入
的埃及法老王◎電影演的都是假的～大祭司印何闐不是邪惡反派啦！◎想和其他法老王不一樣
◎想連任法老王？沒那麼容易！◎尋訪海底古城◎曾經的世界最大圖書館◎龐貝柱其實和龐貝
mpey the Great)一點關係都沒有！◎元首級的待遇你也辦的到！◎一度被列為世界七大奇景之一
這座燈塔有名到連宋朝人都知道？！◎被驢子發現的遺跡？！◎這柯蘇卡法墓也是世界七大奇蹟之
「熱心」的在地人主動導覽？◎咦？古埃及神殿裡竟然有清真寺？！◎分隔兩地的雙胞胎方尖碑
殿小科普◎木乃伊製作方式及葬儀　　　時候來不用人擠人◎流落異鄉的方尖碑◎讓
戎的聖甲蟲？◎關於帝王谷攝影的二三事…別說小編沒提醒你！◎法老王們的陵墓蓋在尼羅河西
囚的！◎讓圖坦卡門聞名世界的大功臣◎自立為王的哈塞普蘇女王◎塞奈姆特是哈塞普蘇女王的
人？！◎會說話的雕像？◎什麼？古埃及就已經有直升機、潛水艇了？◎哈特神殿是唯一一座能
日期的神殿◎電燈泡在愛迪生發明之前，古埃及就已經有了？◎建了100多年的神殿◎這裡也有

MOOK

埃及：
開羅 路克索
亞斯文

31

City Target

contents

本書所提供的各項可能變動性資訊，如交通、時間、價格(含票價)、地址、電話、網址，係以2023年06月前所收集的為準；特別提醒的是，COVID-19疫情期間這類資訊的變動幅度較大，正確內容請以當地即時標示的資訊為主。
如果你在旅行中發現資訊已更動，或是有任何內文或地圖需要修正的地方，歡迎隨時指正和批評。你可以透過下列方式告訴我們：
寫信：台北市104中山區民生東路二段141號9樓MOOK編輯部收
傳真：02-25007796
E-mail：mook_service@hmg.com.tw
FB粉絲團：「MOOK墨刻出版」www.facebook.com/travelmook

行前大補帖──埃及

P.004　埃及全圖
P.006　航向埃及的偉大航道
P.010　埃及行前教育懶人包
P.012　神與權的代表──
　　　　認識法老王
P.014　古埃及神祇與傳說
P.020　尼羅河遊輪之旅，
　　　　一探輝煌古文明
P.022　玩埃及吃什麼？
P.026　玩埃及買什麼？

前進開羅先看這裡

P.030　開羅市街圖
P.032　航向開羅的偉大航道
P.034　開羅行前教育懶人包

開羅景點名人堂

P.037　開羅
P.038　埃及博物館
【必看重點】納麥爾色盤‧左塞爾雕像‧卡夫拉雕像‧孟卡拉三人組雕像群‧木頭祭司雕像‧書記雕像‧拉和闐與諾福蕾雕像‧侏儒塞尼伯全家雕像‧哈塞普蘇女王頭像‧美杜姆的鵝壁畫‧薩努赫一世之柱‧阿蒙霍特普四世雕像‧阿肯納頓和家人浮雕‧阿肯納頓與年輕女子雕像‧皇室家族石碑‧娜芙蒂蒂未完成頭像‧圖坦卡門的卡雕像‧圖坦卡門黃金王座‧彩繪箱‧圖坦卡門頭戴白冠及紅冠的雕像‧香水瓶‧內臟儲藏櫃外棺‧內臟儲藏罐‧外棺‧人形棺‧圖坦卡門黃金面具‧胸飾‧薩哈特優南的鏡子‧薩哈特優南的王冠‧荷魯斯站在鱷魚上之石‧河馬雕像‧小鱷魚木乃伊
【周邊景點】香草大街與香草廣場‧歐拉比廣場
P.054　大城堡
【必看重點】穆罕默德‧阿里清真寺‧納席‧穆罕默德清真寺‧蘇萊曼‧巴夏－哈丁清真寺‧眺景點‧警察博物館‧軍事博物館‧花園區‧塔樓
P.058　開羅清真寺巡禮
P.068　哈利利市集
【周邊景點】維卡拉‧卡胡達沙比‧庫丹‧席海密之家
P.074　懸空教堂
【必看重點】正面‧內庭‧大門‧聖堂‧筒狀屋頂‧聖像‧聖壇屏幕‧講壇
【周邊景點】科普特博物館
P.080　吉薩金字塔區
【必看重點】古夫金字塔‧卡夫拉金字塔‧孟卡拉金字塔
【周邊景點】階梯金字塔‧彎曲金字塔與紅色金字塔
P.083　金字塔的興建之謎
P.093　開羅出發的小旅行
P.094　兩天一夜的行程
【推薦行程】亞歷山卓

前進路克索先看這裡

P.106　路克索市街圖
P.107　航向路克索的偉大航道
P.108　路克索行前教育懶人包

路克索景點名人堂

P.109　路克索
P.110　路克索神殿
【必看重點】獅身人面像・撒拉菲斯聖堂・拉美西斯二世雕像・立姿雕像殘缺的頭像・塔門・拉美西斯二世庭院・拉美西斯二世庭院浮雕・阿布赫格清真寺・底比斯三神聖殿・拉美西斯二世坐像・柱廊・柱廊浮雕・阿蒙霍特普三世庭院・多柱廳・阿蒙密室・供奉廳・聖船聖堂・阿蒙霍特普三世聖壇
【周邊景點】路克索博物館・木乃伊博物館

P.112　埃及神殿小科普
P.124　木乃伊製作方式及葬儀
P.126　卡納克神殿
【必逛重點】獅身羊頭像・第一塔門・塞提二世聖堂・拉美西斯三世神殿・獅身人面像・塔哈卡亭・拉美西斯二世雕像・第二塔門・大多柱廳・第三塔門・圖特摩斯一世方尖碑・第四塔門・第五塔門・哈塞普蘇方尖碑・第六塔門・菲力普 阿瑞戴烏斯聖殿・中王國中庭・慶典廳・植物園・東端建築・聖湖・聖甲蟲雕像・阿馬拉門・孔蘇聖殿・歐佩特聖殿・卜塔聖殿・白色聖堂・雪花石膏聖堂・紅色聖堂

P.136　帝王谷
【周邊景點】哈塞普蘇女王靈殿・拉美西斯二世靈殿・拉美西斯三世靈殿・曼儂巨像

P.147　尼羅河谷地神殿群

前進亞斯文先看這裡

P.158　亞斯文市街圖
P.159　航向亞斯文的偉大航道
P.161　亞斯文行前教育懶人包

亞斯文景點名人堂

P.163　亞斯文
P.164　亞斯文市區
【必看重點】蘇克大街・未完成的方尖碑・努比亞博物館・大象島・亞斯文博物館・克奴姆神殿遺跡・尼羅河丈量儀

P.170　亞斯文高壩
【周邊景點】費麗神殿

P.174　阿布辛貝神殿
【必看重點】拉美西斯二世雕像・法老王名浮雕・俘虜浮雕・哈比浮雕・拉 赫拉克提像・第一多柱廳雕像・第一多柱廳浮雕・側室・第二多柱廳・娜菲塔莉神殿・哈特女神像

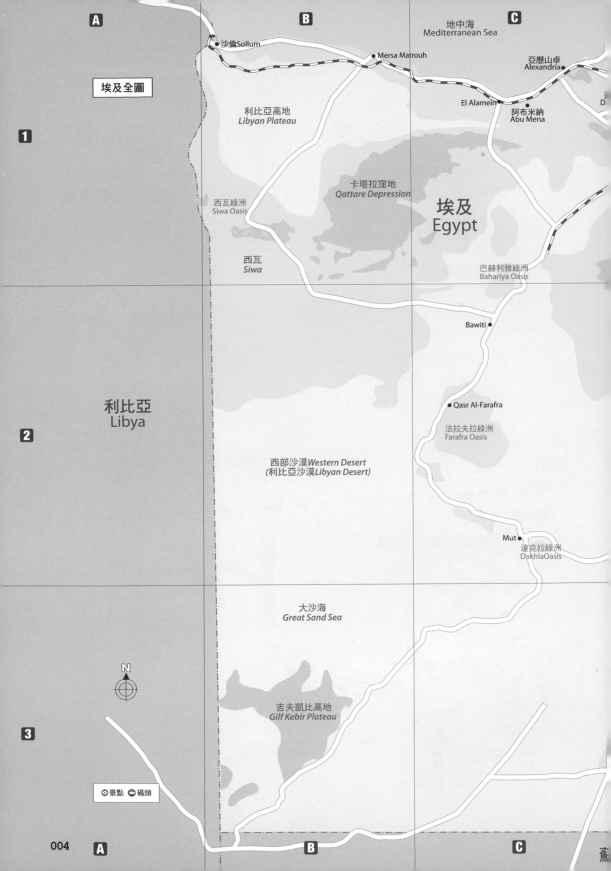

埃及全圖

地中海
Mediterranean Sea

沙倫Sollum

Mersa Matrouh

亞歷山卓
Alexandria

1

利比亞高地
Libyan Plateau

El Alamein

阿布米納
Abu Mena

卡塔拉窪地
Qattare Depression

埃及
Egypt

西瓦綠洲
Siwa Oasis

西瓦
Siwa

巴赫利雅綠洲
Bahariya Oasis

Bawiti

利比亞
Libya

2

Qasr Al-Farafra

法拉夫拉綠洲
Farafra Oasis

西部沙漠Western Desert
(利比亞沙漠Libyan Desert)

Mut

達克拉綠洲
DakhlaOasis

大沙海
Great Sand Sea

N

3

吉夫凱比高地
Gilf Kebir Plateau

⊙景點 ⚓碼頭

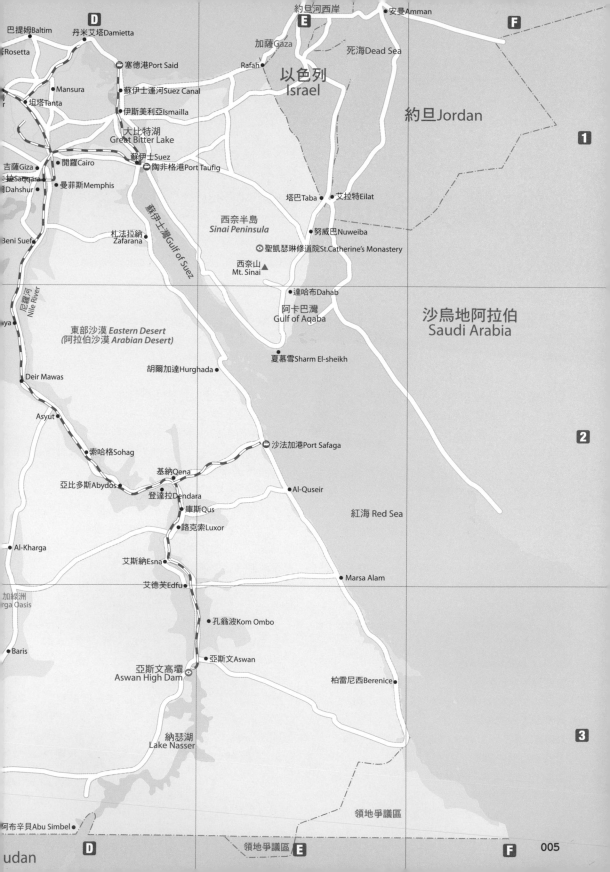

巴提姆Baltim

丹米艾塔Damietta

羅賽塔Rosetta

Mansura

塞德港Port Said

蘇伊士運河Suez Canal

約旦河西岸

安曼Amman

加薩Gaza

死海Dead Sea

Rafah

以色列
Israel

約旦Jordan

坦塔Tanta

伊斯美利亞Ismailla

大比特湖
Great Bitter Lake

吉薩Giza

開羅Cairo

撒卡拉Saqqara

曼菲斯Memphis

Dahshur

蘇伊士Suez

陶非格港Port Taufig

1

Beni Suef

札法拉納
Zafarana

蘇伊士灣 Gulf of Suez

尼羅河 Nile River

塔巴Taba

艾拉特Eilat

西奈半島
Sinai Peninsula

努威巴Nuweiba

聖凱瑟琳修道院St.Catherine's Monastery

西奈山▲
Mt. Sinai

達哈布Dahab

阿卡巴灣
Gulf of Aqaba

沙烏地阿拉伯
Saudi Arabia

東部沙漠 Eastern Desert
(阿拉伯沙漠 Arabian Desert)

胡爾加達Hurghada

夏慕雪Sharm El-sheikh

Deir Mawas

Asyut

索哈格Sohag

沙法加港Port Safaga

2

基納Qena

亞比多斯Abydos

登達拉Dendara

庫斯Qus

路克索Luxor

Al-Quseir

紅海 Red Sea

Al-Kharga

艾斯納Esna

艾德芙Edfu

Marsa Alam

加綠洲
rga Oasis

Baris

孔翁波Kom Ombo

亞斯文Aswan

亞斯文高壩
Aswan High Dam

柏雷尼西Berenice

3

納瑟湖
Lake Nasser

阿布辛貝Abu Simbel

領地爭議區

udan

領地爭議區

航向埃及
的偉大航道

©彭浩誠

護照辦理
什麼狀況下需要辦？
◎未持有護照
◎護照效期不足6個月時
哪裡辦？
　　首次申請普通護照者，需本人親自至外交部領事事務局或外交部中部、雲嘉南、南部、東部辦事處辦理。若實在無法親辦，也必須先親自到戶籍所在地之戶政事務所辦理「人別確認」，再備齊相關文件，委託交通部觀光局核准之綜合或甲種旅行社代辦，換發護照者不在此限。

外交部領事事務局
⌂台北市濟南路一段2-2號(中央聯合辦公大樓)3~5樓
☎(02) 2343-2888(總機)、(02) 2343-2807~8(護照查詢專線)
🕐週一至週五08:30~17:00，週三延長至20:00(以下各區辦事處皆同)
🌐www.boca.gov.tw

外交部中部辦事處
⌂台中市黎明路二段503號1樓　☎(04) 2251-0799

外交部雲嘉南辦事處
⌂嘉義市吳鳳北路184號2樓之1　☎(05)225-1567

外交部南部辦事處
⌂高雄市苓雅區政南街6號3~4樓　☎(07) 715-6600

外交部東部辦事處
⌂花蓮市中山路371號6樓　☎總機：(03) 833-1041

如何辦？
　　相關規定在外交部領事事務局網站有詳盡說明，以下僅作簡要介紹。
準備：
◎身分證正本、正反面影本各1份(14歲以下需準備戶口名簿正本及影本1份)。
◎護照專用白底彩色照片2張(6個月內近照)
◎普通護照申請書(20歲以下未婚者，父或母需在申請書背面簽名，並黏貼身分證影本。申請時，繳驗簽名人身分證正本)。
◎外文姓名拼音(可參考外交部領事事務局網站。換發新護照者，需沿用舊護照拼音)。
◎36歲以下役齡男性申請短期出境，須先至內政部役政署網站申請出國核准。
◎換發護照者，需準備舊護照。
要多久？
　　一般為10個工作天，遺失補發則須11個工作天。如果是急件，可以加價提前辦理，最快為隔天取件。
多少錢？
　　護照規費為NTD1300（未滿14歲者規費為NTD900）。辦理急件加收NTD900。
效期
　　10年(未滿14歲者及遺失補發者的護照效期為5年)

簽證辦理

埃及的觀光簽證採落地簽證及線上電子簽證(e-visa)兩種方式,採落地簽證只需在開羅機場入關前備妥6個月以上效期之中華民國護照、來回機票證明、彩色照片1張、已填妥之入境卡,並向移民護照關口前的銀台櫃台繳費即可。

採申請線上電子簽證者,上網(http://www.visa2egypt.gov.eg)填妥資料,以信用卡支付簽證費,約1~5天可收到回覆的郵件,建議將電子簽證列印出來以備查詢。

單次入境簽證費用為USD25、多次入境為USD60。

觀光簽證的效期為30天,逾期必須親赴各城市的簽證處辦理加簽手續。如果出發前就已知道自己停留埃及的時間會超過30天,建議行前辦妥簽證,不過埃及在台灣並未設立辦事處,因此,必須將證件轉送香港辦理。

埃及駐香港領事館
🏛香港銅鑼灣告士打道255~257號信和廣場22樓1室
🕐週一至週五09:00~16:00
☎+852-2827-0668
📠+852-2827-2100
@consulate.hongkong@mfa.gov.eg

駐約旦臺北經濟文化代表處Taipei Economic and Cultural Office
🏛No. 18, Iritiria Street, Um Uthaina, Amman, Jordan
☎+962-6-5544426,緊急電話+962-79-5552605
📠+962-6-5544434
🕐週日至週四09:00~18:00
🌐www.roc-taiwan.org/jo
@jor@mofa.gov.tw

旅遊諮詢與實用網站
埃及旅遊局官方網站
🌐www.egypt.travel

飛航資訊
台灣目前沒有直飛埃及的航班,均必須由第三地轉機,國人較常使用的航空公司包括阿聯酋航空、土耳其航空、埃及航空、新加坡航空等,詳情可洽航空公司或各大旅行社。若不知如何選擇航空公司,建議善用機票比價網站Skyscanner(網址:www.skyscanner.com.tw),填寫出發、目的地及時間後,可選擇只要直達班機或轉機1~2

次，網站上會詳細列出所有票價比較、飛航時間及提供服務的航空公司組合。

埃及國內航線基本上由埃及航空營運，無論是票價或航班常因淡旺季而劇烈變化。搭機的遊客要注意，每逢10月到隔年3月這段旅遊旺季期間，國際段與國內段的班機都常客滿，尤其是亞斯文和阿布辛貝之間的航班很受歡迎，建議提前訂位及開票。

台灣飛埃及主要航空公司

航空公司	飛行城市	訂位電話	網址
阿聯酋航空	台北經杜拜至開羅	(02) 7745-0420	www.emirates.com
土耳其航空	台北經伊斯坦堡至開羅	(02) 2718-0849	www.turkishairlines.com
大韓航空	台北經首爾、杜拜至開羅(需轉機2次)	(02) 2518-2200 (中華航空代理)	www.koreanair.com
德國漢莎航空	台北經曼谷或新加坡、法蘭克福或慕尼黑、維也納等地至開羅(需轉機2次)	(02) 2325-8861	www.lufthansa.com

鐵路交通

埃及的鐵路網絡由昔日統治的英國人興建，長度達5,000公里，幾乎涵蓋亞歷山卓到亞斯文之間的主要城鎮，唯獨西奈半島除外。埃及火車系統較為老舊，因此有些搭乘起來不及豪華長途巴士舒服，不過沒有塞車的困擾，尤其是針對開羅及其附近城市的交通。

火車等級分為有空調與無空調兩類，有空調的列車掛有臥舖車廂、頭等車廂、二等車廂，無空調列車掛有二等普通車廂及最便宜的三等車廂。

遊客往返開羅與路克索、亞斯文之間，多選擇安全便捷的空調臥舖列車，臥舖列車目前由Watania公司營運，供應晚餐及早餐兩餐，會由車掌為乘客送至包廂。旅客上車吃過晚餐後，車掌會前來將包廂內的座椅更換為臥舖形式，也備有毯子供旅客使用，衛生習慣比較講究的旅客，可以自備毯子或大浴巾。

選擇搭乘火車，為確保舖位或座位，預約是必要的手續，尤其若逢重要的伊蘭斯節日，要記得提前一週預約。

臥舖火車服務(Watania公司營運)
🚇 wataniasleepingtrains.com (可查詢時刻表和預訂)

埃及行前教育懶人包

基本旅遊資訊

正式國名

阿拉伯埃及共和國(The Arab Republic of Egypt)

地理位置

埃及北鄰地中海、東臨紅海,主要國土位於非洲東北邊,另以西奈半島涉足亞洲。由東往西分別與巴勒斯坦、以色列、蘇丹和利比亞交界。

面積

約1,001,450平方公里

人口

約107,770,000人

首都

開羅(Cairo)

宗教

90%以上的人口信奉伊斯蘭教,主要屬遜尼教派,其他人口信奉科普特基督教(Coptic Christianity)及其他宗教。

種族

埃及人、貝督因人及柏柏爾人占99%,希臘人、努比亞人、亞美尼亞人、義大利人和法國人後裔占1%。

語言

官方語言為阿拉伯語,觀光區大多可通英語,有些店家甚至可用中文議價。遊客雖不必熟稔阿拉伯語,但是可以試著讀懂旅遊中接觸較頻繁的數字。

時差

埃及當地時間比台灣慢6小時,夏令時間(4月最後一個週五至10月最後一個週四)比台灣慢5小時。

電壓

220V,採雙圓頭插座。

貨幣及匯率

埃及幣制單位為埃鎊(EGP),有些商家寫成LE,E£1約等於新台幣1元(2023年5月),由於匯率波動大,請以實際為準。

紙鈔面額有E£200、E£100、E£50、E£20、E£10、E£5、E£1,以及50pt、25pt。硬幣有E£1、25pt、50pt。(註:E£1=100 piasters)

兌幣

遊客可在機場、大型飯店及主要銀行兌換埃及

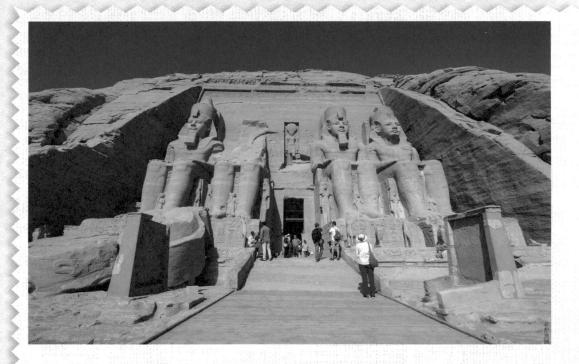

鎊，上述兌幣處的匯率相差很大，加上各大城市黑市橫行，匯率混亂，為確保安全，請勿與黑市交易。機場的匯率較差，可先兌換小額埃鎊以支付進入市區的車費，進入市區後，經過匯率比較再擇優兌幣。

由於埃及物價不算高，一般來說無須一次兌換太多埃鎊，不妨每次以USD50或USD100為單位作兌換。大面額的紙鈔使用機會不高，兌換時盡量以小面額為主，其中又以E£1使用機率最高。由於近年埃及匯率波動大，當地商家甚至更喜歡收美金，因此其實不用兌換太多埃鎊，也可以免去換太多埃鎊花不完的苦惱。

阿拉伯語數字對照表

١	1	١٠	10	١٩	19	٨٠	80
٢	2	١١	11	٢٠	20	٩٠	90
٣	3	١٢	12	٢١	21	١٠٠	100
٤	4	١٣	13	٢٢	22	٢٠٠	200
٥	5	١٤	14	٣٠	30	٣٠٠	300
٦	6	١٥	15	٤٠	40	٤٠٠	400
٧	7	١٦	16	٥٠	50	١٠٠٠	1000
٨	8	١٧	17	٦٠	60		
٩	9	١٨	18	٧٠	70		

旅行支票

旅行支票在主要銀行均可兌換，但為確保兌幣無虞，建議購買Thomas Cook或American Express，這兩種旅行支票的發行銀行在開羅、亞歷山卓、路克索、亞斯文都設有分行，便於旅客兌幣。

信用卡

多數的五星級飯店、高級餐廳、航空公司及高價商品商店都接收信用卡，但一般用餐、住宿、購物、在景區活動仍只通行現金。

廁所

在埃及，即使各大景點附設的廁所都需另外付費，唯獨開羅的埃及博物館例外，費用約為E£1~3。

電話

從埃及打到台灣：00-886-x(區域號碼去掉0)-xxxxxxxx(6~8碼電話號碼)

從台灣打到埃及：002-20-x(區域號碼去掉0)-xxxx xxxx (7~8碼電話號碼)

埃及各地區域號碼：開羅為2、亞歷山卓為3、路克索為95、亞斯文為97、西奈半島及夏慕雪為69。

網卡

　　在埃及機場入境通關後，即可見到三家當地電信公司Etisalat、Orange、Vodafone的服務櫃檯，若有需要在當地打電話聯絡旅伴、當地導遊、司機及住宿的飯店，建議購買一張可打當地電話的網卡，三家電信公司價格方案大同小異，可自行選擇。

衣著

　　儘管是國際熱門的旅遊目的地，多數人信奉伊斯蘭教的埃及還是相當保守，因此女性前往該地旅遊，除在濱海度假區的度假村中或尼羅河的遊輪上，盡量還是避免穿著過於暴露的衣物，特別是前往清真寺和教堂參觀時，切記千萬不可穿著背心或短褲。

旅行前，最好要知道的事
在埃及可以喝酒嗎？

　　埃及人大多信奉伊斯蘭教，根據教義不吃豬肉、不飲酒。因此在埃及的一般商店是買不到酒的，如果想品嘗埃及在地啤酒，只能在餐廳、飯店或酒吧買到，500ml的啤酒價位約為E£45~55。

要怎麼給小費？

　　埃及是個什麼都要小費的國家，因此常讓遊客大傷腦筋。住宿飯店的床頭小費和行李搬送費通常為USD1，其他像是搭乘馬車或是騎駱駝等等，即使談好價錢卻也常常事後被索取小費，因此最好在議價前談妥含小費的費用。如果服務真的很不錯，視情況可再給E£1~5的小費。

在埃及連買水也要殺價！

　　為了避免水土不服，旅客在埃及通常會選擇飲用罐裝水，罐裝水或飲料在路邊小販、雜貨店、或超市都買得到。基本上，1公升礦泉水大約為E£7~10，現打果汁大約E£30~45。如果遇到老闆開價高得太離譜，千萬要記得殺價，別忘了埃及是個連買礦泉水也可以殺價的國家喔！

若不幸發生緊急事故該怎麼辦？

　　萬一遇到緊急事故，可以直接撥打122，不需要輸入區域碼。

觀光警察：126

警察局：122

救護車：123

消防局：180

神與權的代表
認識法老王
The Ancient Egyptian Pharaohs

掌管全埃及的法老王，是軍隊和祭司的首領，甚至擁有長達五個稱謂的王銜；在穿著打扮上也極盡華麗，特別是出席重大節慶和宗教活動時，更力求展現其威儀。如今透過帝王谷的陵墓壁畫以及收藏於開羅考古博物館等地的各項文物，可以一窺法老王的象徵符號。

法老」一詞怎麼來？
「法老」這個詞來自埃及語，原意為大房屋，所以在古王國時代法老指的是偌大的王宮，並非國王本身。但從新王國第18王朝圖特摩斯三世(Thutmose III)起，逐漸演變成對國王的尊稱，而在第22王朝以後便成為國王的正式頭銜，而後世就將古埃及的國王們都通稱為法老了！

假髮
埃及人的髮型在各個朝代有不同變化，如古王國時期男女慣於留短髮，而新王國時期又流行留長髮。孩童通俗的樣式是剃個精光，只在頭側留了束髮絡，祭司同樣剃光頭，以表潔身虔誠奉獻神祇。製作假髮的材質包括真髮、植物纖維，目前尚無證據顯示採用其他動物的毛。

王冠
象徵王權的頭冠有5種，最常見的包括代表統治上埃及的白冠、代表統治下埃及的紅冠，以及代表統一上、下埃及的紅白雙冠，其他還包括藍冠及阿特夫(Atef)頭冠，其中阿特夫頭冠形似白冠，兩側加上羽飾、冠頂鑲上小圓盤，這種頭冠僅在出席特殊的宗教儀式才會配戴。

Did YOU KnoW
古埃及人是個愛美的民族

古埃及人佩戴假髮的原因除了象徵自己的社會地位，另外就是顧及自己的外貌及形象。一般男女多是以青銅刀片削成短髮甚至剃成光頭外戴假髮，除了符合埃及人講求潔淨、剃除毛髮的習慣，更可掩飾白髮、禿頭等象徵衰老、醜陋的形象。

首飾

精緻的珠寶首飾在古埃及是階級地位的表徵，早在4,000多年前已陸續出現裝飾彩珠的項鍊及以貝殼、象牙製成的手鐲、護身符，後來黃金、寶石、綠松石、紫水晶、紅玉髓等材質都陸續出現。

衣著

埃及人勇於裸露身體、展現美體，因此男性主要的衣著為纏腰布，以長短、腰飾、褶飾的不同變化區別階級地位，而女性主要穿著剪裁合身的連身長裙，質料輕薄且半透明。亞麻是最主要的衣料，紡織技術已可紡出細緻的麻料及紗線，染色技巧也已染出紅、黃、藍等色彩，並利用漿布技術做出褶飾。

學者根據壁畫、浮雕、雕像研究古埃及的服飾，雖然每個時期的服飾均有變化，但改變幅度不大。

涼鞋

製鞋的材質通常包括紙莎草、燈心草，皮革較為罕見。埃及一般民眾多赤足，僅在重要場合才穿著涼鞋。

頭飾

這種白、藍色條紋的頭飾名為「Nemes」(斑紋頭巾)，以亞麻織成布包於頭上，固定在前額，緣邊垂於兩側，這種頭飾視為王冠的替代物。

前額標誌

在王冠及頭飾的前額部位鑲有兀鷹、眼鏡蛇，兀鷹為上埃及守護神奈庫貝特神(Nekhbet)，眼鏡蛇為下埃及守護神瓦傑(Wadjet)，代表法老王的統治領域，兩位神祇並列，即代表法老王為一統上、下埃及的統治者。

眼線

埃及人美化的方法其實都蘊含著醫療方面的考量，為突顯美目畫眼線所使用的礦物質粉末，其考證是採自方鉛礦或輝銻礦，兩者具有殺菌及防止飛蠅的特效，這種因應當地特殊氣候環境所產生的眼部化妝法，和今日在北非及中東所見到的極為類似。

耳洞・耳環

耳環是在第二中間期由希克索斯人(Hyksos)引進，男女皆配戴，但據考證，男性雖終生留有耳洞，但配戴耳環的習慣只至青春期。

假鬍鬚

假鬍鬚與兀鷹、眼鏡蛇等標誌一樣象徵著王權，具推論還進一步的代表法老王為神祇的化身。假鬍鬚分為兩種，外觀平直、底部寬平者，表示為法老生前的模樣；圖坦卡門黃金面具以及人形棺廓上呈髮辮式且底端微翹的假鬍鬚，則模仿冥王歐西里斯的鬍鬚形式，表示法老王已逝世且成為冥王歐西里斯的化身。

若要辨認法老雕像或浮雕為他生前或死後出現的作品，可藉由假鬍鬚的形狀分辨。

雙權杖

法老王雙手在胸前交叉，執握著雙權杖為即位典禮的經典畫面。兩支權杖代表著至高無上的權勢，帶穗的連枷杖象徵統治者形同造物主，擁有賜予生命的權利，而彎鉤杖是複製古代的牧羊杖。

諸神的國度
古埃及神祇與傳說
The Ancient Egyptian Gods & Mythology

埃及的神祇主要可分為三大類：具有動物外形的動物神、英雄人物神化後的人形神、由抽象概念擬人化而生的神明。另外又有不同神祇因彼此結合產生新形態神祇的現象。基本上，埃及的宗教系統中存在著一些主軸，這些主軸又因源自不同地區所以特色不同，部份主神隨著時代的演進發展與變化，最終衍生出一個複雜的眾神國度。

拉Ra

相關傳說：拉是第5王朝之後成為古埃及最崇高的神，法老王傳說為拉神之子，是拉神在大地上的代表。拉也是創世之神，相傳拉從黑暗、混沌的宇宙中誕生，以精液創造出舒(Su)、泰芙努特(Tefnut)兄妹，而人類則是出自拉神的眼淚。

在古埃及信仰中，太陽神每日會乘著太陽船航行天際，入夜後又乘著太陽船穿越冥界，經過12道難關之後，才能重生、迎接晨曦。

外型特徵：最大的特徵為頭頂上的日盤。與荷魯斯結合為拉·赫拉克提時，形象為鷹頭太陽神，同樣頂著日盤。

主要的祭祀神殿：最著名的包括敬奉拉·赫拉克提的阿布辛貝神殿

與其他神祇的關係：兒子為舒(Su)、女兒為泰芙努特(Tefnut)

相關傳說：依據埃及編年史家曼尼多(Manetho)的記載，阿蒙是隱而不見的神祇，宛若風中蘊藏的力量，用詞遣字相當抽象。第11王朝時期被視為造物之神的阿蒙已成為底比斯地區的守護神；到了新王國時期，阿蒙和妻子姆特(Mut)、兒子孔蘇(Khonsu)正式成為「底比斯三神」，並進而與太陽神拉結合為阿蒙·拉，成為埃及全境最具權威的神祇。

外形特徵：阿蒙的形象一般為戴著雙羽冠的人形，膚色常為紅色，少數為藍色。因具有王者之尊的特質，常呈跨步的站姿或坐在王座上，另會以彎角羊頭形象表示阿蒙為生殖之神。阿蒙偶而也會以鵝或蛇的形象出現，表示祂為造物之神。而當阿蒙與拉結合為阿蒙·拉時，頭頂必會出現代表太陽神的圓盤。

主要的祭祀神殿：路克索的卡納克阿蒙神殿

與其他神祇的關係：妻子為穆特、兒子為孔蘇

阿蒙Amun或阿蒙·拉Amun-Ra

拉神的各種形象
太陽神的形象眾多，在每日不同時段有不同的神祇形象：

形象	時段
赫普立 Khepri	初昇的旭日
拉Ra	白天運行的太陽
阿圖 Atum	西沉的夕陽
阿頓 Aten	太陽光輪

拉神也常與不同神祇合併，如與阿蒙形成「阿蒙·拉(Amun-Ra)」、與阿圖形成「阿圖·拉」(Atum-Ra)，以及後期埃及神話中與荷魯斯結合為「拉·赫拉克提」(Ra-Horakhty)。

相關傳說：赫普立的外形特徵為蜣螂(俗稱糞金龜、屎蚵螂)，這種昆蟲經常前肢抵地倒立，以後腿推滾泥土或糞便，牠推糞球的模樣讓古埃及人聯想到運行中的太陽，因而成了太陽神的化身。

此外，由黑夜中重生的旭日隱含著復活的意像，因此木乃伊屍身上常擺放俗稱聖甲蟲的赫普立護身符，而且是放置在統籌思想的心臟位置，以防心臟在死者進行「秤心儀式」時，說出不利於主人的供詞。

赫普立 Khepri

外形特徵：蜣螂或人身蜣螂首

相關傳說：「強大的神祇、眾女神的領袖、天堂的統治者、人間的皇后，眾神均聽命於牠」，這段留存在亞斯文費麗神殿內的銘刻，清楚說明了艾西斯非凡的地位。

艾西斯 Isis

艾西斯和歐西里斯結為夫婦統治埃及，歐西里斯被賽特謀殺後，千辛萬苦讓牠復活。後來兒子荷魯斯殺了賽特為父親報仇，逝去的歐西里斯成為冥界統治者，也奠定了艾西斯的地位。

外形特徵：艾西斯擁有擬人化的外形，穿著合身的長袍、頭飾牛角夾著太陽神圓盤、手握生命之鑰「安可」(Ankh)和紙莎草杖，而她懷抱荷魯斯哺乳的雕像及壁畫，傳說成為後世塑造聖母與耶穌母子情深的依據。

主要的祭祀神殿：艾西斯廣泛出現在各地的神殿中，但專屬敬奉牠的神殿並不多，主要的有亞斯文費麗神殿。

與其他神祇的關係：父親為蓋布、母親為努特、丈夫為歐西里斯、兒子為荷魯斯、姊妹為奈芙蒂斯

相關傳說：阿蒙霍特普四世排除阿蒙神，獨尊太陽神阿頓，並將帝號改為「阿肯納頓」，意思為「阿頓的僕人」或「阿頓光輝的靈魂」，顛覆當時埃及兩千多年來的多神崇拜，倡導一神論。但是這場宗教改革最終失敗，在阿肯納頓逝世後，繼位的執政者捨棄一切阿肯納頓建立的制度，回歸傳統。

阿頓 Aten

外形特徵：沒有人形，形象為太陽，光線尾端有手掌的形狀

相關傳說：根據流傳最廣的傳說，歐西里斯是埃及首任君主，而深受人民愛戴的歐西里斯被兄弟賽特(Seth)妒忌，最後賽特將歐西里斯謀殺並分屍。

歐西里斯 Osiris

歐西里斯的妻子艾西斯四處尋回丈夫的屍體，用魔法讓歐西里斯暫時復活，並懷上鷹神荷魯斯。荷魯斯為父報仇後繼承了王位，並追封逝去的歐西里斯為冥界之王。

外形特徵：歐西里斯呈現形似木乃伊的形象，雙腳併攏，頭戴斑紋法老頭巾，假鬚編辮、尾端微翹，雙手各持彎勾權杖與連枷權杖，膚色多為象徵亞麻裹屍布的白色、代表尼羅河沉積物的黑色，或象徵植物、繁殖力的綠色。

主要的祭祀神殿：由於傳說中歐西里斯的屍身遭受肢解，因此許多地區宣稱葬有歐西里斯某部位的屍身藉以哄抬自身地位，例如阿斯里比斯城(Athribis)宣稱葬有歐西里斯的心臟；艾德芙宣稱葬有歐西里斯的腿，其中真正顯著的地區為亞比多斯(Abydos)和布西里斯(Busiris)，這兩地與歐西里斯、冥神信仰都有相關密切的關係。

與其他神祇的關係：父親為蓋布(Geb)、母親為努特(Nut)、妻子為艾西斯、兒子為荷魯斯、姊妹為奈芙蒂斯(Nephthys)、兄弟為賽特

哈特 Hathor

荷魯斯 Horus

奈芙蒂斯 Nephthys

相關傳説：哈特具有複雜多重的身分，祂是荷魯斯的妻子，傳説祂治癒了荷魯斯與賽特(Seth)大戰瞎了的眼睛，因而哈特具有恢復健康的能力。祂也是天空之神，天空是鷹神荷魯斯翱翔處，也象徵著孕育生命的子宮；祂是法老王的母親(或妻子)，並代表著喜悦、音樂、多產和幸福。
外形特徵：帶牛耳的女性或母牛
主要的祭祀神殿：最主要敬奉神殿為登達拉(Dendara)的哈特神殿
與其他神祇的關係：丈夫為荷魯斯

相關傳説：荷魯斯成長後大戰殺父仇人賽特時，左眼被賽特挖取，後來圖特(Thoth)(另一説法是哈特女神)治癒了荷魯斯的左眼，使荷魯斯得以順利消滅賽特；也有一説是荷魯斯用其左眼復活歐里斯。
荷魯斯憑藉著毅力、忠誠及勇氣戰勝惡神、報了父仇，進而繼承王位，自此荷魯斯代表著正統、合法的繼承權，因而古埃及的法老王莫不以荷魯斯的化身自居，強調君權神授和人神一體的超凡地位。
外形特徵：老鷹或鷹頭人身
主要的祭祀神殿：孔翁波神殿、艾德芙的荷魯斯神殿
與其他神祇的關係：父親為歐西里斯、母親為艾西斯、妻子為哈特、兒子為哈松圖斯(Harsomtus)

相關傳説：奈芙蒂斯屬冥界的神祇，經常搭配祂的姊妹艾西斯雙雙出現，但祂的埃及名字「Nebet-Hut」為「大宅的女主人」之意，只是此名的由來目前不得而知。
奈芙蒂斯與歐西里斯、賽特、艾西斯同為天神和地神所生，賽特是祂名義上的丈夫，當賽特謀殺了歐西里斯後，奈芙蒂斯協助艾西斯尋獲歐西里斯被肢解的屍體並予以拼合復活，因而衍生法老王藉由這兩位女神受孕、誕生、哺乳進而獲得重生的説法。
外形特徵：通常只是頭戴高冠的女神形象，造型簡單的高冠是奈芙蒂斯名字象形字化。
與其他神祇的關係：父親為蓋布、母親為努特、姊妹為艾西斯、兄弟為歐西里斯、名義上的丈夫為賽特，另傳説祂與歐西里斯私通生下了阿努比斯。

阿努比斯 Anubis

相關傳說： 在歐西里斯興起之前，阿努比斯就是埃及的冥神，根據文獻記載，「Anubis」源自古字「腐敗」，在古埃及壁畫中，不乏見到祭司戴著阿努比斯面具，監督木乃伊防腐處理過程的畫面。

外形特徵： 阿努比斯常以似狼似犬的獸形出現，黑色的體色既代表死者，也象徵著具有再生（復活）能力的沃土。

主要的祭祀神殿： 阿努比斯是古埃及守護死者及木乃伊的主要神祇，主要出現在墓室中的壁畫及浮雕，現僅存哈塞普蘇神殿（位於路克索西岸）有座專屬阿努比斯的偏殿。

與其他神祇的關係： 不同的史料分別提及阿努比斯是西賽特(Hesat)、貝斯特(Bastet)、拉、賽特、奈芙蒂斯等神祇的兒子，甚至還曾提及祂是艾西斯的養子。

圖特 Thoth

相關傳說： 圖特最初為月神代表，伴隨著太陽神航行天際，有著「銀色太陽」、「夜間太陽」的別名。雖然傳說祂為太陽神之子，但祂和冥神歐西里斯、鷹神荷魯斯、邪惡之神賽特都有密切的關係。

圖特後來成為與書寫、學術、知識、藝術相關的神祇，在冥界舉行「秤心儀式」時，圖特就站在審判的天秤旁紀錄裁決的結果。祂在諸神間還經常扮演傳達訊息、調停仲裁的角色。

外形特徵： 圖特呈現朱鷺和狒狒這兩種顯著的外形

主要的祭祀神殿： 圖特的形象散見各地神殿，古時的赫爾摩波利斯(Hermopolis)是敬奉祂的要地，但這個地區不確定在今日何處。

與其他神祇的關係： 妻子為瑪特、內荷曼塔瓦(Nehemetawy)和塞絲哈特(Seshat)

瑪特 Maat

相關傳說： 瑪特象徵著正義、真理和平衡，在神殿中的壁畫及浮雕中，經常可見到法老王手捧瑪特強調繼位的合法性及統治權。

瑪特扮演的角色相當多，最重要的是維持宇宙間的秩序、平衡以及和諧。

在冥界舉行「秤心儀式」時，正義的瑪特女神將代表真理的羽毛和亡靈的心臟放在天秤的兩端進行裁決，亡靈如果所言不實，天秤就會失去平衡，亡靈終將墜入深淵，而且不得重生。

外形特徵： 羽毛或頭插羽毛的女神

與其他神祇的關係： 傳說為太陽神的女兒、圖特的妻子

相關傳說：哈比為尼羅河神，祂象徵氾濫、洪水的意味甚濃，古時尼羅河氾濫期一至，埃及人便會喊著「哈比來了」，而氾濫帶來沃土使耕地獲得重生、再造的機會，使哈比又有「創造之神」甚至「眾神之父」的別稱。

在法老王雕像王座的兩側經常浮雕著哈比將蓮花和紙莎草綑綁在一起，既形成「聯合」的象形文字，並象徵著統一上下埃及。

外形特徵：哈比的外形通常是具有大肚子、豐滿的女性胸哺、藍色膚色、頭上飾有紙莎草的男性，在亞比多斯的賽特一世神殿可見到哈比化身為雙頭鵝的罕見形象。

主要的祭祀神殿：尼羅河水患嚴重的地區就是敬奉哈比的重要區域，祂並沒有特定的供奉神殿，但因哈比的職責攸關生存，因而受到古埃及人民敬奉的程度絕不遜於其他神祇。

哈比
Hapy

塞赫邁特
Sekhmet

相關傳說：「塞赫邁特」意為「強而有力的女性」，早期被視為太陽神的女兒，象徵太陽神之眼，而後演變成同時具有毀滅及護衛雙重對立特質的女神。傳說塞赫邁特曾吐火消滅敵人，因此，法老王敬奉祂為女戰神。

由於祂具有破壞毀滅特性，因而沙漠的暴風被視為是塞赫邁特的呼吸，而瘟疫則是塞赫邁特的屠殺；另一方面，塞赫邁特則以母性的溫柔守護著法老王。塞赫邁特與許多神祇都有關聯性，其中最密切的包括獅神帕赫特(Pakhet)及貓神貝斯特。

外形特徵：雌獅或人身獅面

主要的祭祀神殿：許多地區都建有敬奉塞赫邁特的神殿，其中以曼菲斯(Memphis)、阿布西爾(Abu Sir)為首。

與其他神祇的關係：配偶為卜塔(Ptah)、子女為內菲爾特穆(Nefertem)

克奴姆
Khnum

相關傳說：克奴姆既是尼羅河源頭的守護神，也是造物主。祂掌控著河水氾濫，而河水升漲所夾帶的沃土與祂的另一個身分「陶匠」有著奇妙的關聯，傳說人類就是克奴姆利用製陶的拉坏輪車所創造出來的。

外形特徵：人身公羊頭

主要的祭祀神殿：亞斯文大象島上克奴姆神殿、艾斯納(Esna)克奴姆神廟

與其他神祇的關係：妻子為塞蒂斯(Satis)

索貝克 Sobek

相關傳說:「索貝克」就是「鱷魚」之意,早在古王國時期,人們就開始敬奉索貝克。祂擁有許多特質,最為人熟知的是掌管水與豐饒,傳說尼羅河就是索貝克的汗水。

外形特徵:鱷魚或人身鱷魚頭

主要的祭祀神殿:古埃及人自古王國時期敬奉索貝克一直持續到羅馬時期,最主要的敬奉神殿為孔翁波神殿。

孔蘇 Khonsu

相關傳說:孔蘇為月亮之神,也是醫療之神,其父母為阿蒙、姆特,與其並列為「底比斯三神」。神話中,孔蘇曾與智慧之神圖特進行棋局,並以月光作為賭注,由於孔蘇輸了比賽,日後月才有圓缺之分。

外形特徵:孔蘇時常以兒童木乃伊的形象出現,頭頂上戴著滿月光盤、象徵新月的頭飾。孔蘇也會以鷹頭人身的造型現身,頭上同樣以象徵著月亮的符號。

主要的祭祀神殿:最主要的敬奉神殿為卡納克神殿中的孔蘇聖殿

與其他神祇的關係:為阿蒙和姆特的兒子

相關傳說:敏是生育之神、收穫之神,也是沙漠旅行者的守護神。「萵苣」是敏的重要象徵,埃及人將萵苣的乳白色汁液比喻為精液,代表著繁衍,因此在成年禮上,少男少女會將萵苣獻祭給敏,接著再自己吃掉萵苣,象徵成年。

另外,因為敏是旅行者的守護神,埃及人也會在旅行前祭拜敏。敏是最古老的神祇之一,在中王國之後信仰逐漸消失。

外形特徵:手持連枷,頭上戴有兩根羽毛的頭冠,最大特徵為勃起的男性生殖器官。

與其他神祇的關係:妻子為愛與美的女神奎特(Qetesh)

敏 Min

貝斯 Bes

相關傳說:在中王國時期已可見到貝斯的雕像,到了新王國時期,貝斯像已散見各地。古埃及人認為貝斯具有強大的驅邪力量,他最為人所知的身分是孩童與孕婦的守護神。

外形特徵:雄獅是貝斯的主要形象,在新王國時期,又添加了短腿、大頭、體型矮小等特徵。

主要的祭祀神殿:並無主要敬奉貝斯的殿宇,但只要神殿內建有誕生室,必定會雕刻守護婦孺的貝斯神。

尼羅河遊輪之旅
一探輝煌古文明
Cruising the River Nile

「埃及是尼羅河的獻禮。」出自希臘哲學家希羅多德的名言，一語道出這個曾盛極一時的輝煌文明如何由一條河流孕育而生！

新王國時期的法老王們不再以金字塔為陵墓，改為宏偉的神殿和陵墓，而這些建築坐落於以路克索為核心的尼羅河谷地，特別是在路克索和亞斯文一帶，而這也是為什麼該河段成為埃及尼羅河遊輪之旅中最受歡迎的旅程。

穿梭尼羅河中的移動式飯店

遊輪的航行路線大致可分為：路克索到亞斯文、亞斯文到路克索兩種。

從路克索到亞斯文的遊輪天數從4~7天不等，其中最受歡迎的航程以4、5天為主，這兩種行程的走法差不多，差別在於最後是否停靠亞斯文多住一晚；而由亞斯文順遊而下，向北航行至路克索的行程，則大多為4天。

度假設施俱全，主題之夜眾人同歡

白天

這些高達三、四層的遊輪，除了有餐廳和酒吧外，通常都有一座極為寬敞的甲板，甲板上有著露天咖啡座、游泳池和躺椅，是午後曬太陽、游泳、賞景的最佳地點。隨著船隻前進，兩岸風光不斷從眼前伸展開來，河邊戲水的孩童、乘船捕魚的大人、從樹叢中探出頭來的宣禮塔、劃破天際的鳥群……伴隨著下午茶派對，然後是金光燦爛的夕陽。

夜晚

遊輪晚上的重頭戲就是各種主題之夜～

◎阿拉伯之夜

來自世界各國的遊客換上埃及傳統服飾，你可以打扮成肚皮舞孃、甚至法老王，大家一同站上舞台跳舞、玩遊戲，或是被打扮成木乃伊。

◎努比亞之夜

由當地舞者登台獻藝，為大家帶來傳統的舞蹈與棍子舞，最後的眾人同歡自然是不可避免的舞碼。

要選擇哪種行程呢？

目前行駛於尼羅河上的郵輪多如過江之鯽，價錢反映在船隻的新舊和奢華程度上。想要體驗遊輪之旅最好的方式，是向大型旅行社購買套裝行程，它們通常可以拿到比較好的價格，此外也搭配陸上景點參觀，能夠解決從各上岸點到景點間的交通，在時間控管上也最無差錯，畢竟遊輪可是逾時不候的。

©wikimedia Fig wright

蘇丹號 M/S Sudan

在尼羅河的所有遊輪中，蘇丹號擁有最傲人的歷史和迷人的造型！

這艘引發英國著名推理小說家阿嘉莎·克莉絲蒂(Agatha Christie)寫出《尼羅河謀殺案》(Death on the Nile)並成為同名電影場景的船隻，是1885年時英國贈與埃及國王Fouad I的蒸汽船，如今經整修後成為擁有23間艙房的遊輪，帶領乘客重回優雅且古典的19世紀。

🌐www.steam-ship-sudan.com

路克索─亞斯文的尼羅河南段航行日記

儘管船上活動多多，不過尼羅河遊輪最吸引人的原因還是可參觀沿途的景點。以路克索到亞斯文4~5天的行程來看，會依序在路克索、艾德芙、孔翁波、亞斯文停留，讓大家參觀景點。相反的，若由亞斯文出發，延著尼羅河航向路克索，大多為4天的行程，參觀景點的順序也完全相反。

第一天：抵達路克索，登船展開遊輪之旅

通常，遊客第一天抵達路克索後，會先參觀東岸的卡納克神殿(P.126)和路克索神殿(P.110)。之後夜宿船上，尼羅河遊輪之旅正式展開。

第二天：午後展開航行，途經艾斯納水閘

因為首日沒有任何航行計畫，第二天上午遊客通常都會繼續參觀路克索西岸景點，包括帝王谷(P.136)、曼儂巨像(P.146)等。午後船隻終於航行於尼羅河上，往南航向艾德芙，沿途會經過艾斯納水閘。
除了可以體驗人工水閘如何藉由閘門控制水位高低外，在抵達水閘前還有不少駕著小船的小販，貼近行駛中的遊輪和乘客展開一場高空拋接貨品與議價的熱絡買賣活動，也成為遊輪之旅的特色。

第三天：參觀荷魯斯神殿及孔翁波神殿

第三天上午的行程是參觀保存的最完美的神殿──荷魯斯神殿(P.152)，午後繼續航行，由艾德芙航向孔翁波，在黃昏前抵達同時獻給善惡雙神的孔翁波神殿(P.155)。

第四及第五天：參觀亞斯文及周邊景點

由孔翁波出發，遊輪終於在第四天抵達亞斯文，若是選擇五天行程的人，則會在船上多住一天。此處的景點安排通常為參觀市區的蘇克大街(P.166)、未完成的方尖碑(P.166)、努比亞村(P.162)，和搭乘三桅帆船(P.161)，至於亞斯文附近則包括亞斯文高壩(P.170)和阿布辛貝神殿(P.174)等等。

玩埃及**吃什麼**

埃及食物附帶濃郁的北非風情及土耳其、阿拉伯色彩，農作物、海鮮、香料源源不絕供作食材，但簡易的料理手法千年未改，博得「活化石食物」之喻，是褒是貶，有待遊客親身體驗。另外，埃及有濃郁的咖啡及香茶，但最重要的，是它展現跨越千年的氛圍，其中的奧妙可在老式咖啡館及汩汩作響的水煙中尋得。

蠶豆泥Ful

將蠶豆浸泡一夜蒸熟後搗成糊狀，淋灑橄欖油、檸檬汁，再以鹽、胡椒、茴香調味，填入Pita麵包中就完成了。蠶豆泥已有五百多年的歷史，傳統方式是以柴火餘溫將豆子燜上一晚，直到今日仍作為傳統早餐。

煎豆餅 Ta'amiyya

煎豆餅的做法是將蠶豆搗成糊狀加入香料，入鍋炸至焦黃，外層麵衣鬆脆、裡層香軟，和沙拉、芝麻醬填入Pita麵包中就成了可口三明治。蠶豆泥和煎豆餅常有許多變化，如添加蛋、蒜、洋蔥、奶、肉末，還常作成沙威瑪。

芝麻醬 Tahini

這就是大名鼎鼎以芝麻子製成、稀釋的蘸醬。

麵包 Pita

以埃及當地所產的玉米、小麥為原料，烘烤成蓬鬆鼓脹的形狀，可填塞蠶豆泥、煎豆餅或其他食材，也可撕成小塊配著蘸醬吃。

鷹嘴豆泥 Hummus

這是種散發中東風味的蘸醬，製法是將鷹嘴豆煮熟輾成醬，添加大蒜、檸檬汁、橄欖油、芝麻醬調味就完成了。。

醃菜 Torshi

顏色鮮豔的醃菜是很棒的開胃小菜，餐館經常隨餐附贈。

茄子泥醬 Babaghanoug

這種無刺激性的蘸醬富含脂肪，製法是將茄子烘焙出帶煙燻味，而後和芝麻醬、大蒜、檸檬汁一起搗糊而成。

串燒 Shish Kabab

在伊斯蘭教國度裡，羊肉是最普遍的食物，這種串燒就是將羊肉切成小塊厚片，和蕃茄、洋蔥一起燒烤的肉串，大塊燒烤更過癮。

烤雞Firekh

烤雞在埃及是種相當常見的食物，選擇半雞、全雞都行。

通心粉拌飯 Kushari

飯、麵、黑扁豆、炸洋蔥、蕃茄醬混在一起就成了Kushari，吃時可依個人口味添加辣醬，也可請店家裝在塑膠袋中外帶。

烤肉 Kabab・Kofta

Kabab是將肉塊(通常是羊肉)和洋蔥、蕃茄一起串著烤，Kofta是先將肉塊以香料、洋蔥調味後再串著烤，講究點的會舖在西洋芹上，配著麵包和沙拉吃。

埃及披薩Fiteer

埃及披薩有、甜鹹兩種口味，廚師將麵糰甩開攤平，甜的口味加葡萄乾、核果、細糖，鹹的口味放起司、橄欖、肉、蛋，放入鐵盤內烘烤。

雞肉捲

鮮嫩的雞塊中，填塞了剁碎的蔬菜，吃起來香滑不膩。

乳鴿Hamam

鴿肉來源是飼養在三角洲區的乳鴿，由開羅往亞歷山卓的路上可見飼養鴿群的圓錐形鴿塔。料理方式可炭烤，可填入香料調味過的米烘焙，也可將鴿肉、洋蔥、蕃茄、米放入陶甕內燉煮。

湯 Shurbah

最普遍的是蔬菜湯，常會加些秋葵增加黏性，另外扁豆湯也相當受歡迎。

沙威瑪 Shwarma

主要有雞肉和牛肉兩種口味，肉片添加洋蔥、芥茉就成了豐富的一餐。

牛肉盅 魚肉盅

這兩種燉煮的食物口味不重，很合乎東方遊客的胃口。

Kunafa

Kunafa是普遍的甜點，做法是將放了奶油的平底鍋架在爐上，然後將麵糊放進漏杓篩出細絲條，在鐵鍋上加熱一下而成。糕餅店裡秤重計價，1/4公斤是基本消費量，一人吃綽綽有餘。

沙拉Salad

蕃茄、生菜、小黃瓜、洋蔥、胡蘿蔔灑上鮮檸檬汁調味就成了沙拉，純粹呈現生蔬鮮味，在慣食肉類的國度，生食蔬菜是幫助消化的必要食物。

千層酥 Baklava

Baklava屬土耳其式甜食，就是在薄麵餅上填加堅果、開心果、糖漿，放入大盤烘烤，內容豐富，通常是分成數塊切片販售。

茶 Shay

茶(Shay)和咖啡一樣屬舶來品，19世紀傳入埃及後即成為新寵。在這個氣候炎熱、慣常食肉的國度，茶適時發揮了消化情緒及腸胃的功效。添加大量甜糖和薄荷是百年不變的飲茶習慣，稱不上香醇，純屬特色而已。

果汁Asiir

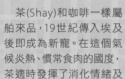

果汁(Asiir)是最普及的飲料，老少咸宜，在這乾燥的國度，飲一杯清涼香甜的鮮果汁最是暢快。

在街頭巷尾或市場中都可尋到果汁攤，口味繁多，包括香蕉(Moz)、芭樂(Guafa)、檸檬(Limoon)、芒果(Manga)、柳橙(Bortuaan)、石榴(Rumman)、草莓(Farawla)、甘蔗(Asab)，任君選擇。

📖 埃及咖啡館與水煙

埃及的咖啡館不講究裝潢，但絕對注重氣氛。雖不常見漂亮的磁磚、典雅的掛飾，但濃郁的咖啡香絕不缺席，就像該現身的老主顧總是準時報到。不管傳播媒體如何精進發達，咖啡館始終是埃及最主要的「新聞發布中心」，聊是非、傳謠言是樂趣，也是使命，大家齊心散播，確保了閒言閒語源源不絕。

水煙是咖啡館中的靈魂，高級腰部的尺寸陳列在最醒目的位置，氣勢驚人。煙氣透過底部玻璃瓶內的清水汩汩作響，一股甜味彌漫開來。埃及煙草多屬甜膩口味，講究的癮君子會自備煙草，Maasil（音馬審）是最受歡迎的口味，不過於濃烈，也太不膩人。

咖啡Ahwa

早在16世紀，咖啡(Ahwa)就傳入了埃及，最初是伊斯蘭教中的蘇菲派信徒作為提神修行用，如今這種含渣味濃的土耳其式咖啡依然是最能振奮精神的飲品。

埃及咖啡經常都加了些豆蔻，至於加糖比例確切說明：Ahwa Saada是不加糖、Ahwa Mazbut是加一些糖、Ahwa Ziyada是要

多加些糖。咖啡上桌請靜待粉渣沉澱再飲，莫心急。在埃及，「等待」是一門必要藝術。

玩埃及買什麼

埃及堪稱購物天堂，香料、香水、莎草紙畫、肚皮舞孃服裝、T恤、地毯、銅製品、掛燈……成堆陳列在架上，令遊客人人行李超重，但滿心歡喜。埃及各大城小鎮都有市集，而知名度最高、貨品最集中的，當屬開羅市中心的哈利利市場(P.68)。

香料·藥草

丁香、肉桂、薑黃、辣椒、荳蔻、番紅花…幾乎能想到的香料、藥草，都能在各大城市的市集裡找到。除了用來烹煮，這些色彩鮮亮、香味濃郁的香料、藥草，還蘊含著增進精力、性感魅力的功效。

香精·香水

古埃及人迷戀芳香潔身，埃及直到今日仍是供應法國香精的要地，這就是埃及境內充斥香水舖的主因。從香精、香水的分類到各種精油的保健療效，樣樣介紹得鉅細靡遺。最重要的是說明香精每盎司的售價，香水的價格比香精平易近人，原則上。在這出產香精的大宗國度裡議價，怎麼算計都划算。

香水瓶

除了香水店的老闆隨貨附贈的樣式，市場上的貨色更是豐富，價格依瓶子尺寸及玻璃材質而定，婀娜的瓶身肯定令人愛不釋手，但別太衝動，記得考慮包裝的問題再下手。

雜貨店、超市平價挖寶

除了在市集掃貨之外，雜貨店或超市也是大家喜歡尋寶的地方，不管是印有阿拉伯文及金字塔圖案的飲料，或者是在地人推薦的巧克力蛋糕捲、牛角麵包巧克力捲、零食等，甚至是調味料包、茶包等，都令人想嚐鮮或買回家與親友分享，由於價錢通常不高，旅人都很樂於嘗試。

莎草紙畫

莎草紙畫是遊客絕不會遺漏的紀念品，市場街頭所販售的莎草紙畫混雜了他種植物的纖維，一經擠壓就破裂，圖案也是以機器大量複印，價格不高，送禮實惠。利用紙莎草製成的信紙、卡片、書籤，也是埃及特產的紀念品。

紙莎草的造紙過程Step by Step

紙莎草曾一度面臨絕滅的危機，今日在莎草紙畫精品店裡，可見到店家殷勤的介紹傳統造紙過程，質優的莎草紙捲壓後不會變形破碎，精緻的圖案也全仰賴人工描繪，因而售價高達數百美金。

❶紙莎草植物的原貌

❷削去紙莎草外皮，把莖部切成薄片

❸把莖片捶打成扁平狀

❹把莖片經緯交錯的鋪疊在布上

❺把交錯鋪疊成一張紙的紙莎草莖片放在機器下加壓

❻一張貨真價實不怕揉壓的紙莎草紙就誕生了

❼以人工在紙上細細描繪圖形

❽旅客最愛的紙莎草畫，大功告成！

T恤

棉花是埃及最大宗的農作物，以埃及棉製成的襯衫、T恤都具品質保障，價格略高。

肚皮舞舞衣

撩人的比基尼加上叮噹作響的亮片綴飾，就是最誘人的肚皮舞舞衣。想成為眾人目光焦點的遊客可一試亮片胸罩、彩珠飾帶、透明面紗和單薄長裙，性感指數保證百分百。

土耳其式長衫

寬鬆的罩衫獨具慵懶的中東風情，素面的、鑲飾邊的、棉質的、絲質的，都令人享有輕鬆的心情。

地毯‧掛毯

和土耳其相較，埃及雖不是大宗的織毯產地，但市場裡仍不乏地毯、掛毯，不論是穆斯林祈禱用的小墊毯，或貝督因人特有的駱駝毛飾毯都很獨特。

銅製品

鏤刻著伊斯蘭特有風格紋飾的銅鍋、銅盤、銅碟、銅壺，既具份量，也相當搶眼。質優的銅製品標榜的是世代相傳的手藝及年代，不要隨意聽信商家吹噓，所謂的百年古董很可能是數星期前才完成的贗品。

水煙壺・煙草

尺寸高大的水煙壺(Sheeha)抽起來架勢十足，售價依材質及做工而定，可分普通樣式水煙、或飾花漂亮、使用防熱玻璃的高級品。除了純擺飾外，若要真抽記得買齊濾嘴、煙草及放煙草的小陶甕等配備。

一般的水煙煙草都屬甜膩口味，紙盒上會畫著芒果、薄荷、橘子、蘋果、檸檬等圖案，表示煙草浸漬在不同口味的糖汁中製成，可愛的包裝像賣糖果。

編籃

大大小小的編籃是平實的手工藝品，主要的買主是當地民眾，有心搜購的遊客可在大市場外圍邊緣地帶或村鎮小市集尋獲，編籃樸實的手工及造型，頗具特色。

棋盤

下棋是埃及人在咖啡館殺時間的消遣之一，市場裡販售的棋盤多屬粗糙品，材質及作工差異很大，最佳的棋盤是以硬木製成，盤內圖案的設計細緻講究，要細心比對觀察。

訂製古埃及象形文字紀念品

來到埃及，如果想訂製個人化的紀念品，金銀飾品或T恤都是不錯的選擇。遊客可以將自己的名字譯為古埃及象形文字，刻入飾品或印在T恤上，有些客製T恤除了可印姓名之外，還提供更多形式的圖案選擇。

以下提供古埃及象形文字的英文字母對應表給大家參考，購入紀念品前就可以先參考自己的名字會是哪幾個字母喔！(註：部分譯音有不同版本)

金銀飾品

在哈利利市場的西端集中著數家金銀飾品店，首飾的樣式主要取材古埃及各種護身符，如荷魯斯之眼、聖甲蟲、安卡，最受歡迎的是鑲嵌法老王名號的橢圓形飾品，遊客可將自己的名字譯為古埃及象形文字刻入。講究純度的顧客請注意驗證純度印記及最新的金飾牌價。

雪花石膏

雪花石膏是種特殊石材,主要產地在鄰近石料礦區的路克索,當地尼羅河西岸遍佈著雕刻店,瓶瓶罐罐堆在路邊,小心魚木混珠的石膏贗品不少。

念珠

穆斯林使用的念珠色彩非常繽紛,分別採貝殼、珊瑚、石、駱駝骨、塑膠為材質製成,材質不同,價格差距也大。

掛燈

銅製的掛燈散發強烈的阿拉伯風情,直教人聯想起魔幻的一千零一夜。

通俗紀念品

具異國風情的小禮物,例如:金字塔、填充駱駝、沙畫瓶、神祇筆、神祇吸鐵、法老王小雕像、卡片、打火機、小型陶器或陶偶、法老王棺廓珠寶盒等。

鑲嵌盒

琳瑯滿目的鑲嵌盒具獨特的中東風情,選購時要注意接縫處及鑲嵌手工的精細,質優的鑲嵌盒採木料、珍珠母製成。

樂器

市面上常見的埃及傳統樂器包括多種琴、笛、鼓,造形優雅、精致美麗。

椰棗

椰棗是中東國家常見的作物,因為能在沙漠氣候中生長,更因為其營養價值非常高,很受人民喜愛。椰棗的吃法很多,除了可以直接食用,也有夾著杏仁、開心果或其他果乾的搭配。不論市區或在機場,很容易就能買到椰棗,適合做為伴手禮點心。

皮件

市場裡可見到多種皮件製品,如背袋、皮包、皮夾、涼鞋、拖鞋等,雖不是名牌,但也物美價廉。

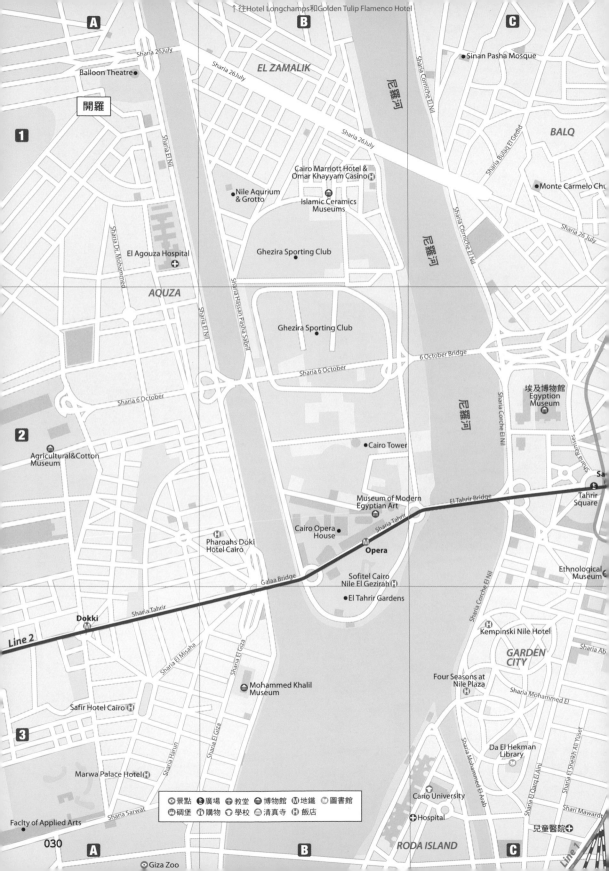

A   B   C

1

Sharia 26July

Balloon Theatre•

開羅

EL ZAMALIK

Sharia 26July

尼羅河

Sharia Corniche El Nil

•Sinan Pasha Mosque

BALQ

Sharia Bullad El Gerird

Sharia El Nil

•Nile Aqurium & Grotto

Cairo Marriott Hotel & Omar Khayyam Casino

Islamic Ceramics Museums

尼羅河

Sharia Corniche El Nil

Sharia 26 July

•Monte Carmelo Chu

Sharia Dr. Mohammed

El Agouza Hospital

Sharia El Nil

Sharia Hassan Pasha Sabri

Ghezira Sporting Club

AQUZA

尼羅河

Sharia El Nil

Ghezira Sporting Club

6 October Bridge

Sharia 6 October

Sharia 6 October

2

Agricultural&Cotton Museum

Cairo Tower•

尼羅河

Sharia Corche El Nil

Sharia Ramsis

埃及博物館 Egyption Museum

Sa

Tahrir Square

Museum of Modern Egyptian Art

El Tahrir Bridge

Sharia Tahrir

Pharoahs Doki Hotel Cairo

Cairo Opera House

Opera

Sofitel Cairo Nile El Gezirah

Ethnological Museum

Galaa Bridge

Sharia Corche El Nil

Dokki

Sharia Tahrir

•El Tahrir Gardens

Line 2

Sharia El Misaha

Sharia El Giza

Kempinski Nile Hotel

Sharia Ab

GARDEN CITY

Mohammed Khalil Museum

Sharia El Giza

Sharia Haroun

Safir Hotel Cairo

Four Seasons at Nile Plaza

Sharia Mohammed El

3

Sharia Mohammed El Arab

Da El Hekman Library

Sharia El Sheikh Ali Yuset

Marwa Palace Hotel

Sharia Sarwat

| ⊙景點 | ♦廣場 | ✝教堂 | 🏛博物館 | Ⓜ地鐵 | 🏛圖書館 |
| 🏯碉堡 | 🛍購物 | 🏫學校 | ☪清真寺 | 🏨飯店 | |

Faclty of Applied Arts

Cario University

✚Hospital

Sharia El Qarq El Aini

Shari Mawardi

兒童醫院

Line 1

A   B   C

⊙ Giza Zoo

RODA ISLAND

航向開羅的偉大航道

如何前往

飛機

　　台灣目前沒有直飛埃及的航班,要前往開羅均須經由第三地轉機。開羅國際機場(Cairo International Airport)位於開羅市區東北方20公里處,目前共有3個航廈,第一航廈(Terminal 1)俗稱舊機場,第二航廈(Terminal 2)俗稱新機場,至於位於以南約2公里處的第三航廈(Terminal 3)最新,於2009年開放使用。其中阿聯酋航空與英國航空的班機停靠第二航廈,而埃及航空與「星空聯盟」成員之班機多停靠第三航廈。

　　航廈之間有無人駕駛的Automated People Mover輕軌往返接駁。

開羅國際機場

🌐www.cairo-airport.com

火車

　　無論是從上埃及(亞斯文等地)或是亞歷山卓都可搭乘火車抵達開羅,拉美西斯火車站(Ramses Station)是開羅最大的火車站,位於拉美西斯廣場(Midan Ramses),售票窗口營業時間為08:00~22:00,每日有數班快車往返亞歷山卓、路克索、亞斯文。

　　另外,往來於上埃及和開羅間的夜車也可於此站購票、搭乘,需要注意的是,部分班次是從第二大的吉薩火車站(Giza Train Station)發車,而非拉美西斯火車站,購票時需特別注意。上述兩座火車站都與地鐵交會,可從火車站轉搭地鐵前往目的地。

　　由於時刻表、車票、票價的內容都是阿拉伯文且時有變動,而售票人員不見得諳英語,因此,在購票前可先到車站內的旅遊服務中心或鐵路服務台,請服務人員將搭車的日期、班次、時刻、起迄站、車種翻譯成阿拉伯文再購票,購票後可請服務人員核對車票內容是否有誤。

臥鋪火車服務(Watania公司營運)

🌐wataniasleepingtrains.com (可查詢時刻表和預訂)

長途巴士

　　開羅主要的長途巴士站為Cairo Gateway(El-Turgoman),此巴士站位於Orabi地鐵站以西約400公尺處,可轉搭地鐵前往目的地。由此可搭巴士前往亞歷山卓、西奈半島、蘇伊士運河一帶,以及上埃及的各大城市。

　　班車路線涵蓋埃及各大城,但由於班次、時刻、票價等經常無預警的變動,請在搭車的前1~2日到車站查詢最新的狀況。購買熱門地區的車票,建議提前預約。

　　由於搭乘長途巴士無論是時間長短、舒適度或安全度不如飛機和火車,因此,比較不建議使用

©彭浩誠

長途巴士移動。
Cairo Gateway

📍1 El-Adaweya, Boulaq Num.3, Bulaq, Cairo Governorate

機場至市區交通
開羅機場接駁巴士
Cairo Airport Shuttle Bus

　　開羅機場推出的機場接駁巴士是最便利且輕鬆的交通方式，接送地點可選擇包括機場所在的Heliopolis、Nasr-City、開羅市中心(Downtown)、吉薩(Giza)、Mohandeseen、Zamalek、Maadi，以及Haram(Pyramids area)等地之客人指定地點。

　　這項接駁服務分為可接送3人的Toyota Corolla車款、接送4人的V.W.Caddy及接送7人的Hyundai H1車款，以車計費，實際價位依車款及接送目的地而不同，可於官網查看價目表，車程視交通情況而異，如無塞車約30分鐘可達。此服務需預約。

☎電話熱線：19970

🌐www.cairoshuttlebus.com

公車Bus

CTA市區公車(CTA City Busses) 也營運開羅機場和市區之間的交通，而且大多是附空調的大巴士，可以至第一航廈前停車場旁的Bus Terminal搭乘。356號公車可抵達位於市中心的解放廣場(Tahrir)，車站鄰近地鐵Sadat 站、開羅考古博物館。

計程車 Taxi

　　埃及的計程車分為新舊兩種，舊款的計程車為黑色，通常不配備里程表，因此必須以喊價的方式協商車資，須和司機再三確認價錢，不過，儘管如此還是有可能會在抵達時被超收費用。新款的計程車為白色，採取按表計費的方式，如果遇到司機告知表壞了或跳表速度詭異，不妨尋找另一輛計程車以免爭議。

　　另外，如果使用智慧型手機，且有行動上網，也可以使用APP叫車，像是「Uber」或「Careem」都是本地人常用的APP。在APP上設定好搭車地點及目的地後，即可叫車。付款方式有現金或信用卡付款兩種，非常方便。

UBER

🌐www.uber.com/zh-tw/

Careem

🌐www.careem.com/

開羅行前教育懶人包

INFO

基本資訊

人口：約兩千萬人

面積：約三千平方公里

區碼：2

市區交通

地鐵 Metro

開羅壅塞的交通常讓人頭痛，因此，地鐵反而成了值得利用的交通工具，特別可避開上下班的尖峰塞車時刻。

開羅地鐵目前有3條路線，1號線沿尼羅河東岸延伸約43公里，2號線則往西串連起市中心和吉薩，至於2012年投入營運的3號線，目前已開通Attaba至Alf Maskan站之間，其他路段仍趕工中，預計未來可以通往開羅國際機場。

開羅地鐵入口處設有「M」字標記，營運時間為每日5:00~24:00，在交通尖峰時發車間距為每隔5~6分鐘，非交通尖峰時發車間距為每隔8~10分鐘；也設有女性專乘車廂。

開羅地鐵票價取決於乘坐的車站站數，搭乘1~9站票價E£3，10~15站E£5，16站以上E£7。

以下列出幾個旅客常用的地鐵站：

◎**Sadat站**：1號線和2號線轉運站，位於市中心，出站即為Midan Tarir，附近有開羅考古博物館

◎**Al-Shohasaa站**：1號線和2號線轉運站，位於市中心，連接拉美西斯火車站

◎**Ataba站**：2號線和3號線轉運站，位於市中心

◎**Bab El-Shaaria站**：位於3號線，車站鄰近伊斯蘭區北邊

◎**Mar Girgis站**：位於1號線，車站位於科普特區

◎**Giza站**：位於2號線，由此站可轉乘計程車或公車前往吉薩金字塔區

Cairo Metro網站：**cairometro.gov.eg**

公車 Bus

雖然公車票價低廉，但擁擠、悶熱，使外來遊客搭乘意願甚低，使用率較高的是公營小巴及民營小巴，小巴行駛路線遍及全市，公營小巴以阿拉伯文標示班車號碼及路線，而民營小巴完全無標示，因此，先問清楚小巴行駛路線才不致搭錯車。公車車資視車程和車種而異。

計程車 Taxi

計程車分為新舊兩種，舊款必須喊價，新款則採跳表制度。每段路程都有合理的公定價格，可在搭乘前先請問當地人(如飯店人員)，上車前和司機再三確認議價結果。

抵達目的地後，先下車再將車費交給司機，司機若企圖加價，別理會，從容給錢離開便是。請記得將紙鈔攤開點交給司機，以避免不必要的糾紛。

如果使用智慧型手機且有行動上網，也可以使用「Uber」或「「Careem」的叫車服務。

UBER

🌐www.uber.com/zh-tw/

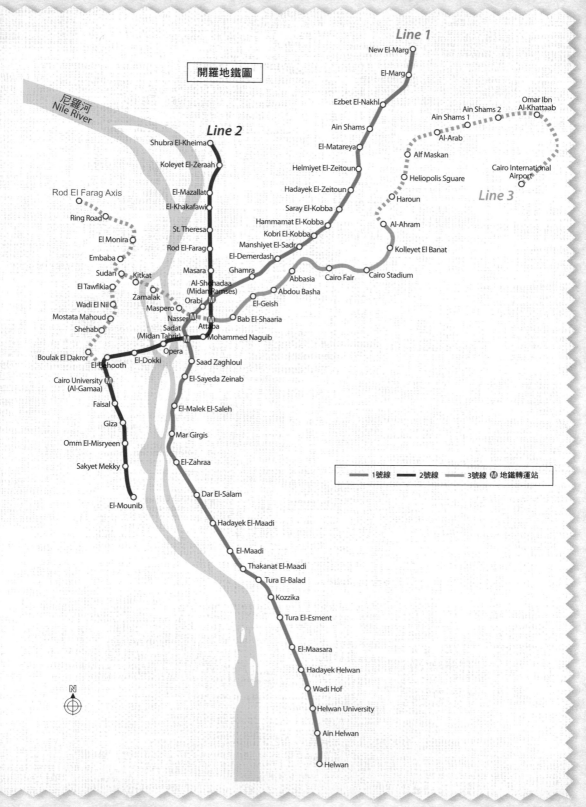

開羅地鐵圖

Careem
🌐 www.careem.com/

行程建議

大開羅地區的旅遊重點,主要包括市中心、伊斯蘭區、科普特區及吉薩,如果有2~3天的時間,基本上就可以走遍各區重要景點。

探索古埃及之旅

造訪吉薩金字塔區,近距離感受三座金字塔帶來的震撼,又或者走進金字塔的墓室中探秘,接著前往埃及博物館,細細參觀古埃及各時期文物,對埃及古代文化能有更深刻的認識。

伊斯蘭藝術之旅

伊斯蘭區濃縮了伊斯蘭教建築精華,包括大城堡、穆罕默德·阿里清真寺、伊斯蘭藝術博物館、安奎沙克清真寺(藍色清真寺)、伊本圖倫清真寺、蓋爾·安德生博物館都很值得參觀,遊走於「千塔之城」中,一路欣賞清真寺建築及伊斯蘭文化展品。

埃及基督教文化之旅

科普特區是埃及碩果僅存的基督教中心,參觀科普特博物館、班以拉猶太會館、懸空教堂等,感受老開羅的氛圍。下午再前往哈利利市集採購紀念品,盡情享受逛街購物、殺價的樂趣。

🔊 **驚險連連的埃及式「過馬路」!**

套一句埃及人說的話:「斑馬線在我們心中!」看埃及人過馬路,可說是遊客抵達埃及後,最先感受到的文化衝擊之一。

首先,市區車流量大、車速快,加上馬路上不一定有紅綠燈、斑馬線,就算有,其實當地駕駛也不太在意交通號誌,而埃及的行人總是氣定神閒的穿梭於高速的車陣中,常令遊客一邊感到驚訝,一邊深感佩服。

建議大家面對「過馬路」這個挑戰時,可以先找看紅綠燈,如果沒有,最好是緊跟著當地人過馬路,眼神也別忘了盯著來車駕駛,示意自己要通過車道,比較能保障安全。

© flickr David Evers

周邊小旅行

若還有時間,瀕臨美麗地中海的亞歷山卓有著獨特氣質,與瀰漫著神秘色彩的古埃及截然不同,相當適合兩天一夜的小旅行。

優惠票券

Cairo Pass

持有Cairo Pass基本上可以參觀開羅和吉薩的所有景點及博物館,使用效期為5天。購買時需準備護照及證件照,只收美金或歐元現金。可於埃及博物館、吉薩金字塔及大城堡購買。

如果計畫在開羅待上4~5天,並且打算參觀許多景點及博物館,或者重複參觀某幾個景點,那就很適合購買Cairo Pass。另外,買了Cairo Pass之後也可以省去在各景點排隊買票的時間。

💲 全票USD100或€90

旅遊諮詢

埃及旅遊局
Egyptian Tourism Authority

🌐 www.egypt.travel

Cairo Tourist Office

📍 5 Sharia Adly

☎ 2391-3454

吉薩金字塔Tourist Information Office

📍 Pyramids Rd, Giza (Mena House對面)

☎ 3383-8823

拉美西斯火車站Tourist Information Office

📍 Midan Ramses

世界上最古老的城市之一，也是阿拉伯和非洲世界中最大的城市！

開羅
Cairo

●開羅

開羅由市中心、伊斯蘭區和科普特區組成，從前王朝時期發跡至今，已超過四千年的時間。市中心有極重要的埃及博物館，可說是認識古埃及歷史文化最好的起點；濃縮了伊斯蘭教建築精華的伊斯蘭區共有八百餘座大大小小的清真寺；位於老開羅區(Old Cairo)的科普特區則是埃及碩果僅存的基督教中心。

即使每分鐘參觀一件館藏，也得耗費9個月才足以參觀完畢的重量級考古博物館！

造訪埃及博物館理由

① 認識古埃及歷史文化最好的起點

② 超過10萬件的館藏

③ 最厲害的圖坦卡門蒐藏

博物館前的水池栽種了代表上埃及的紙莎草，以及下埃及的蓮花。

博物館建築出自法國建築師之手，闢有百間展覽室，及環繞著挑高的中庭。

馬里埃特長眠於博物館內的花園，其紀念碑上的雕像凝視著遠方。

開羅：埃及博物館

埃及博物館
Egyptian Museum

MAP P.30 C2

埃及博物館最有名氣的館藏可以說是圖坦卡門墓葬精品之一。

博物館超過十萬件的館藏，幾乎涵蓋了古埃及各個時期的珍品，其中以2樓的圖坦卡門蒐藏最為震古鑠今。放眼全球，以「考古」為主軸的博物館，沒有它者能與埃及博物館匹敵，縱然以每分鐘參觀一件展品的速度，也得耗費9個月的時間才足以參觀完畢，而這還不包括藏於地下室約四萬件的出土文物！

至少預留時間
只想隨意看看：約3~4小時但都進來了就留久一點
古埃及文物控：想留多久隨便你
(看完所有展品要9個月吧…)

搭地鐵1、2號線於Sadat (Midan Tahrir)站下，步行約6分鐘

Ⓜ Midan Tahrir
🕘 09:00~17:00
💲 E£200

Did YOU KnoW

埃及博物館是為了不讓古物被西方列強搶光而產生的？

埃及統治者穆罕默德·阿里(Mohammad Ali)有鑑於各處考古地點屢屢遭受恣意掠奪，興起了建造博物館的想法。這項理想落實不易，當時的埃及名義上仍屬奧圖曼帝國(Ottoman)所管轄，政情複雜，他很難專心監督考古文物的收藏，但眼見英國大英博物館及法國羅浮宮相繼籌設埃及館，埃及政府決定加快腳步。1858年法國考古學家馬里埃特(Auguste Mariette)成立了古物部門，博物館一直到1902年才正式落成。

Did YOU KnoW

解開所有古埃及之謎的鑰匙

羅塞塔石碑(Rosetta Stone)製作於西元前196年，碑上刻有法老王托勒密五世的詔書，文字分別以古埃及象形文字、平民體以及希臘文寫成。後來法國語言學家商博良(Jean-François Champollion)靠著分析這塊碑文，解開閱讀古埃及象形文字的方式，從此古埃及歷史才一一被解讀出來。石碑的真品目前存放在倫敦的大英博物館中。

規模龐大的埃及博物館終於出現對手了？！

由於現有的博物館空間、設備已顯不足，於是有了打造大埃及博物館(Grand Egyptian Museum, GEM)的計畫，目前已有約一半的文物從埃及博物館移到新博物館中。興建中的大埃及博物館距離吉薩金字塔區約兩公里，館內預計展出從拉美西斯廣場遷移至此的拉美西斯二世雕像、圖坦卡門的珍藏等，整體文物收藏量達10萬件。

大埃及博物館預計於2023年開幕，最新資訊詳見網站。
🌐 www.gem.gov.eg

怎麼玩埃及博物館才聰明？

入館直接上二樓！

© 彭浩誠

埃及博物館的展廳分布在一樓及二樓，而鎮館之寶圖坦卡門黃金面具位在二樓展廳，為抓緊參觀時間，建議入館後就直奔二樓參觀黃金面具及圖坦卡門相關展品。

雕像眼睛的秘密

看古埃及的雕像時，有沒有一種在看真人而不是雕像的感覺？那是因為他們的眼珠子都是寶石或水晶！而沒眼珠的雕像很可能就是已經被盜墓者取走了。

古埃及之旅的行前準備

來到埃及旅遊，別先急著去金字塔或帝王谷～先來埃及博物館充電，對這些出土文物有了初步認識後，讓古埃及之旅更為豐富！

埃及博物館可以說是古埃及文明的寶庫！館藏多到看不完～

納麥爾色盤
Narmer Palette

材質：頁岩

出土地點／年代：古城希拉孔波利斯(Hierakonpolis)

／1894年

所屬年代：前王朝時期，約西元前3100年

考古學家咸信這件文物的浮雕描述的是前王朝時期的納麥爾(Narmer)慶祝統一上下埃及的壯舉，而根據亞比多斯(Abydos)的考古發現，確實證明在古埃及第1王朝以前就存在著納麥爾等其他國王，考古學家甚至進一步將納麥爾、蠍王等列入前王朝時期或「0王朝」，但這段歷史畢竟仍是神話色彩高於史實，納麥爾究竟是何許人？他是否與美尼斯(Menes)或阿哈(Aha)為同一人？答案仍不得知。

納麥爾色盤解析圖

哈特女神(Hathor)的頭像，也有一說是代表法老力量的公牛頭

納麥爾的名字(符號為皇宮、鯰魚、鑿子)

納麥爾頭戴紅白雙王冠、手持權杖，查看被斬首的敵人，其身後跟著提鞋官，兩人右上角的符號為他們的名字

已經被納麥爾征服的城鎮

祭司帶領著4位掌旗官，代表列位都是鷹神荷魯斯的追隨者

無頭屍體(頭在兩腳中間)象徵被納麥爾斬殺的敵人

動物長頸交纏的圓中心，是研磨化妝品的地方

法老王化身為一頭猛牛，攻克敵軍及碉堡

兩頭長頸交纏的野生動物象徵著反叛勢力終被順利收服，上下埃及得以統一

哈特女神(Hathor)的頭像，也有一說是代表法老力量的公牛頭

納麥爾的名字(符號為皇宮、鯰魚、鑿子)

象徵王權的荷魯斯

戴著統治上埃及白冠的納麥爾斬殺敵人，敵人頭部附近的符號可能是他的名字或所在城鎮

幫納麥爾提鞋官(sandal-bearer)，左上角的符號為其名字

在逃跑或已死亡的人，頭部左邊的符號可能代表已經被征服的城鎮

代表下埃及的紙莎草

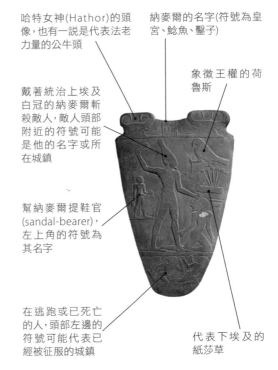

別小看提鞋官～不是任何人都能擔任的？！

由於當時不是人人穿得起涼鞋這種奢侈品，所以在壁畫等文物中若要表示法老王為戰爭勝利者或是崇高的統治者時，通常會以穿著涼鞋的形象出現，由此可見在古埃及「涼鞋」也是權力的象徵之一。而幫忙提鞋這個工作也有個正式職稱叫做「提涼鞋者」(sandal-bearer)，這個工作可以說是法老王的貼身助理，因此地位比一般人來得高貴，所以在古埃及如果可以幫忙提鞋，那可是超級光宗耀祖的事！不然也不會和法老王一起被刻畫在雕刻上，永遠流傳在歷史上。

開羅：埃及博物館

左塞爾雕像
Limestone Statue of Zoser

材質：上彩石灰岩

出土地點／年代：沙卡拉／1924~25年

所屬年代：第3王朝

這件古王國時期的法老王雕像，是極少數歷經4,600年依舊倖存的文物，極為珍貴。雕像以整塊石灰岩雕刻而成。基座前端雕飾著眼鏡蛇及兀鷹，象徵統一上、下埃及，一側雕刻著法老王左塞爾的名字，代表法老王為神的化身。

雖然面容受損，但高聳的顴骨、渾厚的嘴唇、凹陷的雙眼，充分展現出法老王剛毅的神情。

這座三人組雕像是古王國時期最經典的雕刻傑作。

孟卡拉三人組雕像群
A Triad of Menkaure

材質：硬砂岩

出土地點／年代：吉薩／1908年

所屬年代：第4王朝

居中的法老王身穿纏腰布、頭戴統治上埃及的白冠，由法老王所站的居中位置、王冠的高度、左腳向前跨越表達領先的姿勢，強調法老王的地位遠高於身旁兩位神祇。位於法老王右側的哈特女神頭戴假髮、頂著牛角及太陽圓盤，站在左側的是上埃及各省擬人化的表徵，同樣戴著假髮、頂著護衛該省的守護神。

卡夫拉雕像
Statue of Khafra

出土地點／年代：吉薩／1860年

所屬年代：第4王朝

吉薩金字塔區中的卡夫拉金字塔無疑使卡夫拉(Khafra)成為知名度最高的法老王之一，這座擁有4,500年歷史的雕像以閃長岩雕成，法老王頭戴斑紋頭巾、飾假鬚，表情剛毅沉著，王座兩側前端雕飾兩座雄獅，側面交纏的紙莎草及蓮花象徵統一上、下埃及。

荷魯斯(Horus)在後方展翅護衛，象徵王權及神權合而為一，也顯露法老王是荷魯斯在世間的化身。

開羅：埃及博物館

Did You Know
創建第一座階梯形金字塔的左塞爾！

在左塞爾之前法老的墓室多為低矮建物，但他一心想建造一座更高大的建物作為自己的陵墓，這座具有實驗性質的金字塔由大至小的6層平台重疊而成，形成錐形階梯狀的建築，後來這樣的建築結構也變成古王國後期標準的金字塔。(見P.090)

祭司渾圓的臉型和發福的體型，表現出他享有富裕的生活及崇高的地位。

木頭祭司雕像
Wooden Statue of Ka-Aper

材質：希克莫木材

出土地點／年代：沙卡拉／1860~70年

所屬年代：大約是西元前25世紀屬第5王朝早期

自第4王朝開始盛行以木頭為雕刻材質，木材的可塑性優於石材，除卻臂膀可拼裝，立像的背部也無須支柱，但缺點是容易腐壞。這尊四千多年前的Ka-Aper祭司雕像，倒是意外得保存良好。最精采的雕飾在眼部，眼白鑲嵌石英、瞳仁採鉛玻璃、角膜為透明水晶、眼框以銅鑲框，做工精緻值得近賞。

拉和闐與諾福蕾雕像
Statues of Rahotep and Nofret

材質：上彩石灰岩

出土地點／年代：美杜姆(Maydum)／1871年

所屬年代：第4王朝

這兩座原安置在墓室中的雕像造型精美，比例勻稱。體格健碩的拉和闐王子(Rahotep)身穿纏腰布，頸上繫著心型護身符，一旁的妻子諾福蕾(Nofret)頭戴假髮及裝飾花王冠，頸上的項圈繁複多彩，典雅的長袍以寬肩帶繫住。他們的雙眼分別鑲嵌石英及水晶作為眼白和瞳孔，嚴肅的表情和寫實的面容，顯露夫婦倆尊貴的地位與不可侵犯的威權。

兩人的膚色忠於傳統美學，男性為紅磚膚色、女性為略顯蒼白的乳黃色。

Did YOU KnoW

一白遮三醜的審美觀也跟現代人一樣嘛～

這組色彩鮮明的男女雕像正反映了當時埃及的審美觀，崇尚太陽神的埃及人自然覺得男性有著小麥色肌膚最帥，而女性若膚色顯白則可代表高貴，畢竟在埃及那種豔陽下，要能保持白皙肌膚恐怕也只有富貴人家養在屋裡的女子才辦的到啊！

侏儒塞尼伯全家雕像
Seneb the Dwarf and his Family

材質：上彩石灰岩

出土地點／年代：吉薩／1926~27年

所屬年代：屬古王國時期，約第6王朝（另一說是第5王朝）

這座由塞尼伯墓出土的全家福雕像，顯然經過巧思設計，塞尼伯交握雙手、盤起短腿，跟前的一對裸身吮指的子女構成了視覺延長的錯覺，加上他的頭部及軀體是按常人的比例雕刻，使得觀者一眼看不出他矮小的體型，十分巧妙。

不被自己的外貌所定義的塞尼伯！

早在第1王朝時期，埃及境內就出現了兩種類型的侏儒，一類為非洲赤道屬矮小人種的皮克米(Pygmy)部族，另一類為病變畸形的侏儒。由於侏儒的外觀特殊，只能擔任照顧牲口、娛樂主人等工作，塞尼伯(Seneb)是突破侏儒外型限制獲得高位的第一人，他是宮中侏儒群的領導人，去世後就葬在吉薩金字塔區旁。

書記雕像
Seated Scribe

材質：上彩石灰岩

出土地點／年代：沙卡拉／1893年

所屬年代：大約是西元前25世紀屬第5王朝早期

閱讀及書寫在古埃及是項特殊技藝，只有專業的書記、皇室的子女、掌權的祭司及地位崇高的官員具擁有這方面的能力。這座書記雕像延續傳統的盤膝坐姿，左手拿著展開的紙莎草紙卷、右手握著筆，雙眼凝視遠方像在沉思，鮮麗的眼線和鑲嵌的眼珠使雕像栩栩如生。頭上戴的假髮微微向後撥，露出面容和雙耳，展現了雕刻手法的突破。

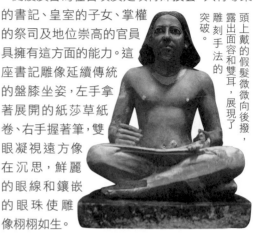

哈塞普蘇女王頭像
Limestone Head of Hatshepsut

材質：上彩石灰岩

出土地點／年代：路克索尼羅河西岸哈塞普蘇神殿／1926年

所屬年代：第18王朝

這座頭像原位於尼羅河西岸哈塞普蘇神殿(Temple of Hatshepsut)第3層柱廊外側，奪取王位的哈塞普蘇女王為了樹立權威，不僅以男裝示人，而且仿效其他法老王建造仿冥神歐西里斯(Osiris)姿勢的雕像。這位企圖心旺盛的女王頭戴紅白雙王冠、假鬍鬚，採男性膚色專用的紅磚色，刻意展現男性陽剛特質。

女王雖然以男裝示人，但柔和的雙目和容顏，卻顯露了女性陰柔本質。

美杜姆的鵝壁畫
Panel of Geese at Meidum

材質：上彩灰泥

出土地點／年代：美杜姆／1871年

所屬年代：第4王朝

因為兼具裝飾及經濟效益，因此古埃及社會常見在灰泥牆上作畫，此外顏料取得有相當容易，如紅色、黃色取自赭土白色取自石膏、黑色取自煤煙，其他如藍銅礦、綠松石、孔雀石等也都是顏料的來源，這些天然礦物研磨成粉後與水調和，再加上蛋清作為黏合劑，就可在調色盤上配色作畫了。

遺憾的是，這種蛋彩畫保存不易，這幅壁畫是極少數倖存的佳作，筆觸細膩，色彩鮮麗，是少見的寫實作品。

薩努塞一世之柱
Pillar of Senwosret I

材質：上彩石灰岩

出土地點／年代：卡納克神殿／1903~04年

所屬年代：第12王朝

在1900年代早期，考古學家在卡納克神殿(Temple of Amun at Karnak)的第7塔門前的前庭挖掘出2萬多件青銅像、石雕像及石碑，所屬朝代跨越了第11王朝至托勒密王朝，少數保存良好的文物移至本館收藏，這座飾有法老王浮雕的立柱就是出土的文物之一。

此立柱屬第12王朝的薩努塞一世(Senwosret I)，立柱的四面分別浮雕著法老王擁抱荷魯斯(Horus)、阿頓(Aten)、阿蒙(Amun)、卜塔(Ptah)四位神祇，狀至親暱的舉止展現法老王為人神一體的超凡身分。

阿蒙霍特普四世雕像
Statue of Amenhotep IV

材質：砂岩

出土地點／年代：卡納克／1926年

所屬年代：第18王朝

　　早在阿蒙霍特普四世(Amenhotep IV)將帝號改為阿肯納頓(Akhenaten)並遷都至阿馬爾奈(Tell al-Amarna)之前，這位年輕的法老王在底比斯建造了多座神殿，其中一座緊鄰卡納克阿蒙神殿(Temple of Amun at Karnak)的殿宇，環繞著28尊阿蒙霍特普四世高大的立像。博物館內藏有其中4座雕像，路克索博物館(Luxor Museum)收藏了2座，法國羅浮宮則收藏了1座。

阿肯納頓與年輕女子雕像
Statue of Akhenaten with a Female Figure

材質：石灰岩

出土地點／年代：阿馬爾奈／1912年

所屬年代：第18王朝

　　頭戴藍冠、身穿短袖上衣的法老王坐在椅上，抱著大女兒梅麗頓塔親吻(也有學者推測此一女子很可能是阿肯納頓另一名妻子Kiya)，親密的舉動不僅推翻了宮廷正經嚴肅的對外形象，也為當時的藝術表現注入了革新的力量。

這件作品雖小，但表現出罕見的親暱舉止。

審美觀不同於別人的阿肯納頓

不同於傳統法老王所展現的俊美健壯形象，阿蒙霍特普四世表現了窄臉、瘦頰、細眼、厚唇、長耳、窄肩、細腰、豐臀等特色，徹底顛覆了古埃及傳統美學，並留下了肥胖與優美、做作與寫實、誇張與具像、萎靡與振作、隱疾與秘聞永無休止的爭議，使阿蒙霍特普四世成為跨越古今的風雲人物。

阿肯納頓和家人浮雕
Relief Showing Akhenaten and His Family

材質：上彩石灰岩

出土地點／年代：阿馬爾奈／1891年

所屬年代：第18王朝

　　學者們推測這塊石板可能是為阿肯納頓二女兒瑪肯塔頓(Maketaten)所作，她在母親分娩時夭折。石板顯示阿肯納頓帶領著皇后娜芙蒂蒂向太陽神阿頓(Aten)敬奉蓮花，身後跟隨著大女兒梅麗塔頓(Meritaten)，梅麗塔頓一手拿著叉鈴，一手牽著妹妹瑪肯塔頓。

娜芙蒂蒂未完成頭像
Unfinished Head of Nefertiti

材質：石英岩

出土地點／年代：阿馬爾奈／1932年

所屬年代：第18王朝

　　直到目前為止，學者們對這位皇后的身世背景仍不甚了解，曾經有人推測她具有外國血統，但這項說法現在已不成立。由她頻頻和法老王阿肯納頓雙雙出現在浮雕中，可知她擁有崇高的地位。這座頭像未完成的原因，據推測是工匠將雕像分成數個部位分批雕鑿而後拼合，也可能是工作坊的習作。

雖然完成度不高，但已成功的展現皇后勾稱美麗的容顏，留與後世無限的遐想。

號稱埃及第一美女的娜芙蒂蒂！
娜芙蒂蒂也有「絕代佳人」的意思，身為知名度極高的埃及第一美女，考古學家們也在積極尋找她的墓室及木乃伊，可惜至今仍一無所獲。原本以為她藏身在圖坦卡門墓室裡的密室，後來這個密室被證實根本不存在，所以娜芙蒂蒂的搜尋目前仍是考古的熱門話題！

現存於柏林新博物館的娜芙蒂蒂石灰岩彩色半身像

膚色塗抹黑色的瀝青，象徵化身為冥神歐西里斯。

圖坦卡門的卡雕像
Ka Statues of Tutankhamun

材質：木

出土地點／年代：尼羅河西岸帝王谷圖坦卡門墓／1922~23年

所屬年代：第18王朝

　　這兩座高192公分的雕像表達了卡「Ka」的概念，卡(Ka)與巴(Ba)都是古埃及人解釋類似靈魂的觀念：卡是生命原始的雛形，巴則近似死者存在的一種形式，兩者與肉體都密不可分。因此基室中擺設了兩座卡雕像護衛屍體不受破壞。

左為坐在王座上的圖坦卡門，右為幫法老王塗抹油膏的皇后安克蘇拉姆（Ankhesenamun）。

Did YOU KnoW

推翻老爸改革的兒子

阿肯納頓顛覆了傳統的多神崇拜，規定只能崇拜太陽神阿頓，甚至從底比斯遷都到阿馬爾奈。但這一切在阿肯納頓逝世後，被兒子圖坦卡門打回原形，這從圖坦卡門的名字就可以知道了：圖坦卡門原本名為「圖坦卡頓」（意為「阿頓的形象」），後來才改成眾所周知的「圖坦卡門」（意為「阿蒙的形象」）。此外，圖坦卡門登基後的第3年把首都遷回底比斯，恢復了阿蒙神的地位和寺廟。阿肯納頓掀起的宗教改革最終被自己的兒子親手結束。

皇室家族石碑
Stela of Akhenaten and His Family

材質：上彩石灰岩

出土地點／年代：阿馬爾奈／1912年

所屬年代：第18王朝

　　阿肯納頓推崇的太陽神阿頓在畫面中上端射下萬丈光芒，賜與皇室生命及富足，帶著藍冠的阿肯納頓和皇后娜芙蒂蒂舒適的坐在軟墊凳上，大女兒梅麗塔頓站在兩人之間和父親取樂，其他兩個小女兒站、坐在母親的腿上，一家親愛和樂的景象真實而感人。

掀起宗教革命的阿肯納頓在這塊石碑中，展現了和皇室成員們濃厚的親密關係。

圖坦卡門黃金王座
Throne of Tutankhamun

頭戴精心製作的假髮及慶典專用的王冠

身穿打褶長裙、繫著華麗腰帶，以及璀璨多彩的項圈

兩人穿著同一款涼鞋或是腳飾，就像夫妻都會戴對戒

材質：木

出土地點／年代：尼羅河西岸帝王谷圖坦卡門墓／1922～23年

所屬年代：第18王朝

　　這座遍貼金箔的王座雕刻精美，並運用白銀、寶石、鉛玻璃鑲飾，極盡華麗，被考古學家視作空前的發現。王座前端兩側雄踞兩隻公獅，4隻椅腳為獅掌，扶手處裝飾著兩條頭戴紅白雙冠的眼鏡蛇，張翅護衛著扶手前端所刻的皇家橢圓形飾徽，而靠背處的細膩雕飾是這座王座最精采的部分。

彩繪箱
Painted Casket

材質：木

出土地點／年代：尼羅河西岸帝王谷圖坦卡門墓／1922~23年

所屬年代：第18王朝

　　正面的裝飾畫描繪法老王駕著雙輪馬車，韁繩繫在腰臀處，雙手張弓射擊敘利亞軍及努比亞軍，大批敵軍及戰馬驚慌失措，倉皇敗逃。側面的畫則描寫圖坦卡門化身為獅身人面邁步踐踏敵人，頂蓋畫著法老王張弓猛擊代表敵人的野生動物。在發掘之初，這件木箱內放置著金製涼鞋、刺繡鑲金的衣服、項鍊、皮帶等物品，幸賴考古學家及時發現收藏，在挖掘過程中才未遭受偷盜破壞。

木箱頂蓋及四面繪滿精緻的圖案，主題環繞著法老王率軍攻克敵人的英勇戰績。

Did YOU KnoW

蝦米！

圖坦卡門的皇后是他的親姊姊？

古埃及皇室向來有近親通婚的傳統，而據科學家考古研究發現，圖坦卡門的妻子正是其父親阿肯那頓的女兒安克蘇拉姆，也就是自己同父異母的姊姊，雖然兩人成婚後感情甚篤，亦曾有過兩個女兒，但不幸因為先天性問題夭折，這可能是近親通婚的後遺症之一。

外棺
Gilded Wooden Shrines

材質：木

出土地點／年代：尼羅河西岸帝王谷圖坦卡門墓／1922~23年

所屬年代：第18王朝

　　座貼覆金箔的木造外棺，以厚達6公分的橡樹板製成，層層相套，舊時盜墓者開啟第一道外棺即宣告放棄，使放置在外棺內的人形棺及法老王的木乃伊得以保存。考古學家耗費了84天才完成拆卸外棺的工程，4座外棺的內、外都雕飾了神祇及《死亡之書》的內容，是研究古埃及最珍貴的資料。

香水瓶
Alabaster Perfume Vase

材質：雪花石膏

出土地點／年代：尼羅河西岸帝王谷圖坦卡門墓／1922~23年

所屬年代：第18王朝

　　這個精緻的瓶子是以雪花石膏雕成，為填裝香精及油膏用，繁複的雕飾呈現代表「聯合」的象形文字，兩旁站立著尼羅河神，將蓮花和紙莎草綑綁在一起，象徵統一上下埃及，這個形象經常浮雕在法老王王座的兩側。

圖坦卡門頭戴白冠及紅冠的雕像
Golden Statues

雕像均顯露長頸、凸腹、豐臀的特徵，為阿肯納頓時期的藝術表現特色。

材質：木

出土地點／年代：尼羅河西岸帝王谷圖坦卡門墓／1922~23年

所屬年代：第18王朝

圖坦卡門墓內的雕像數量相當多，這些精雕細琢的木雕在法老王生前陸續完成後即覆蓋上亞麻木，僅保留臉部暴露在外，除卻少數雕像因特殊因素塗抹黑色的瀝青(一說為黑色的樹脂)外，其餘所有的木雕品一律都貼覆金箔。這兩座各戴著紅冠及白冠的雕像主體為木雕，紅冠可能是以紅銅製成，白冠可能是採皮革。

內臟儲藏罐
Canopic Jars

材質：雪花石膏

出土地點／年代：尼羅河西岸帝王谷圖坦卡門墓／1922~23年

所屬年代：第18王朝

內臟儲藏罐外棺
Golden Canopic Shrine

材質：木

出土地點／年代：尼羅河西岸帝王谷圖坦卡門墓／1922~23年

所屬年代：第18王朝

這座存放內臟儲藏罐的外棺，形似一座有4柱撐頂的小亭，上端有帶狀眼鏡蛇雕飾，下端為平撬，四面各立有一位張臂護衛的女神，分別為伊西斯神(Isis)、奈芙蒂斯神(Nephthys)、妮特神(Neith)和塞勒凱特神(Selket)。而外棺深刻的銘文也是為保護法老王直到重生。

女神雕像自然展露身材曲線，展現出阿肯納頓時期的藝術表現特點

這組內臟儲藏罐以質優的雪花石膏雕成，安置在貼覆金箔的平撬上便於移動。與外層4位女神對應的，是荷魯斯4位守護內臟罐的兒子，各司其職的保護法老王的肝、肺、胃、腸。

人形棺
Gold Coffin of Tutankhamun

材質：木與黃金

出土地點／年代：尼羅河西岸帝王谷圖坦卡門墓／1922~23年

所屬年代：第18王朝

　　精緻的人形棺也多達3座，最外層的兩座人形棺為木質貼覆金箔，而最裡層的人形棺竟是純金打造，重達110.4公斤。3層人形棺均採法老王仿冥神歐西里斯姿勢，頭戴斑紋包頭巾，前端鑲飾代表上下埃及的兀鷹及眼鏡蛇，假鬚尾端微翹，雙手各執連枷權杖及彎鉤權杖，遍身鑲嵌多種珍貴的寶石，工藝之精湛及耗資之龐大都令人咋舌。

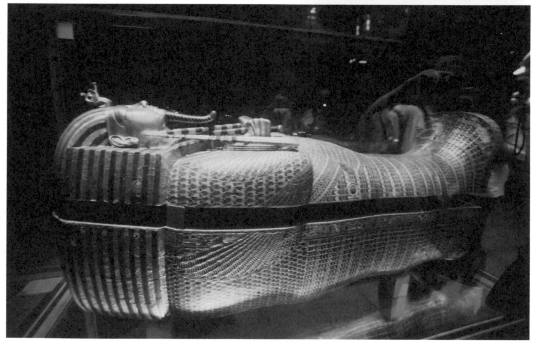

荷魯斯站在鱷魚上之石碑
Relief of Horus the Child Standing on Crocodiles

材質：頁岩

出土地點／年代：亞歷山卓／1880年

所屬年代：托勒密王朝

　　在醫學尚不發達的古埃及，人們相信藉由荷魯斯的神力能避免甚至治癒蛇、蠍的咬傷。荷魯斯呈現孩童的形象，裸著身子並留有側邊髮束，祂腳踏鱷魚，右手持蛇、蠍、羚羊；左手持蛇、獅，學者推斷這些動物象徵著荷魯斯的武器或邪惡之神賽特(Seth)。在兩邊各立有蓮花和紙莎草，頭上則有守護婦孺的貝斯神(Bes)看顧著祂。

這塊石碑乍見平常，事實上銘刻的圖案等同於符咒，號稱具有療效的功用。

圖坦卡門黃金面具
Gold Mask of Tutankhamun

材質：黃金

出土地點／年代：尼羅河西岸帝王谷圖坦卡門墓／1922~23年

所屬年代：第18王朝

　　未曾被盜墓者驚動的法老王木乃伊，罩著一具精緻的純金面具，保護著法老王的頭部及肩部。面具重達11公斤，顯現法老王頭戴斑紋包頭巾，前端鑲飾著紅玉髓、天青石、鉛玻璃所製的兀鷹及眼鏡蛇，法老王無暇的雙眼則以石英及黑曜石鑲嵌，胸前佩戴的項圈多達12排，大量運用了天青石、石英、天河石及多彩的鉛玻璃。

Did YOU KnoW

黃金面具的鬍子差一點就救不回來了

面具曾於2014年被清掃人員不慎撞斷了象徵著古埃及冥神奧西里斯的長鬍鬚，之後又隨意用黏著劑黏回去並粗魯地在面頰上刮掉多餘膠水。原本這個「小傷」是可以馬上修復的，因文物出土時鬍子與面具本就呈現分離狀態，但沒想到博物館竟將此一事件隱瞞將近半年，讓這「小傷」差點變成永久性的損傷。慶幸的是，黃金面具在德國與埃及的專家們聯手下成功完成修復，還這鎮館之寶本來面貌！

胸飾
Pectoral

材質：黃金、白銀、寶石、鉛玻璃等

出土地點／年代：尼羅河西岸帝王谷圖坦卡門墓／1922~23年

所屬年代：第18王朝

　　這件亮眼的胸飾是圖坦卡門的陪葬珠寶之一，主要由荷魯斯之眼、綠玉髓聖甲蟲、眼鏡蛇以及莎草紙花、蓮花苞等組成，極盡巧思之能事，工藝更是一流。

薩哈特優南的王冠
Diadem of Queen Sit-Hathor-Yunet

材質：黃金、天青石、紅玉髓、鉛玻璃等

出土地點／年代：拉罕／1914年

所屬年代：第11王朝

　　這頂純金打造的公主王冠，鑲有以天青石、紅玉髓、多彩鉛玻璃等嵌製的眼鏡蛇以及15朵花飾，後方高立的雙羽為皇室與神權融合的象徵。整件作品看似簡單，實則精緻複雜，展現中王國時期頂級的鑲嵌工藝。

薩哈特優南的鏡子
Mirror of Queen Sit-Hathor-Yunet

材質：黃金、白銀、黑曜石等

出土地點／年代：拉罕(Al-Lahun)／1914年

所屬年代：第11王朝

　　薩哈特優南是薩努塞二世(Senwosert II)的女兒，她的陵墓曾遭偷盜，僅有少數陪葬的珠寶因藏於牆縫中而倖存，這面鏡子及王冠就是留存的精品。這面3,800年前使用的鏡子，以薄銀為鏡面，黑曜石做成的握柄形似紙莎草，下端飾有花形，上端還鑲有帶牛耳的哈特女神純金頭像，護佑女主人年輕、美麗、喜悅。

這面鏡子堪稱是將想像力落實為實用工藝品的最佳範例。

河馬雕像
Statuette of a Hippopotamus

材質：藍瓷

出土地點／年代：尼羅河西岸／1860年

所屬年代：第2中間期

　肢體形逗趣的藍色河馬，身上畫著生長在尼羅河裡的水中植物，陪襯著可愛小鳥，這些花鳥和河馬的眼、嘴、耳都以明顯的黑色描畫。

河馬在古埃及的形象
在古埃及時代，河馬在墓葬中象徵著富饒多產，因此在中王國時期及第2中間期(第11~16王朝)常見以河馬工藝品做為陪葬品，不過，第17王朝之後的墓室中，已經不見河馬藝品的蹤影。

小鱷魚木乃伊
Animal Mummies: Crocodile

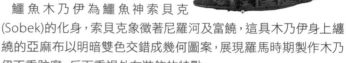

出土地點／年代：尼羅河西岸／1864年

所屬年代：羅馬統治時期

　鱷魚木乃伊為鱷魚神索貝克(Sobek)的化身，索貝克象徵著尼羅河及富饒，這具木乃伊身上纏繞的亞麻布以明暗雙色交錯成幾何圖案，展現羅馬時期製作木乃伊不重防腐，反而重視外在裝飾的特點。

Did YOU KnoW

古埃及的木乃伊除了人，還有動物的？

製作動物木乃伊在古埃及是相當普遍的情形，由於許多神祇都具有動物的化身，因而製成的動物的木乃伊視同神祇，為喪葬不可缺少的陪葬品，例如：
◎母牛：哈特女神(Hathor) ◎老鷹：荷魯斯(Horus) ◎公羊：克奴姆(Khnum)
◎黑狗或胡狼：阿努比斯(Anubis) ◎朱鷺：圖特(Thoth)

開羅市中心是處理食衣住行的大本營，到處都是車水馬龍的繁華景象。

香草大街與香草廣場
Talaat Harb Street & Midan Talaat Harb
MAP P.31 D2

如何前往
搭地鐵1、2號線於Sadat (Midan Tahrir)站下，
步行約1~5分鐘可達

香草大街由南至北串聯三大重要圓環廣場，馬路兩旁從服裝店、電器行、內衣店、餐廳、銀行、咖啡店等包羅萬象，香草大街是在開羅生活的重要地點，此區也是觀察埃及人夜生活的重鎮。每當華燈初上，氣溫逐漸下降，埃及人一反白日慵懶欲睡的神態，立刻梳洗乾淨、頭上抹油、身上飄著古龍水香味，神采奕奕的出門逛街。

香草大街堪稱開羅數一數二的重要大馬路，也是當地人的生活重鎮。

香草廣場中間的雕塑是國家銀行創始人哈柏先生(Harb)。

開羅：埃及博物館

歐拉比廣場
Midan Orabi
MAP P.31 D1

如何前往
搭地鐵1號線於Orabi站下，出站即達

旅人千萬別錯過歐拉比廣場，這裡簡直就是旅行者的天堂，一邊是販賣新鮮蔬果的黃昏市場，一邊是各種餐廳的聚集區，餐廳總類多，販售包羊肉或雞肉的沙威瑪(Shwarma)、熱狗、烤雞、埃及通心粉(Kushari)等，各類食物一應俱全。

在埃及特有的露天式咖啡店(Ahwa)，喝一杯冰涼的果汁或是濃烈的咖啡，吸一管水煙，體驗當地舒適的悠閒生活。

幾百年以來，**大城堡**就矗立在開羅的最高點，見證來來去去的政權輪替。

王牌景點 ❷

造訪大城堡理由

① 昔日埃及統治中心

② 眺望開羅市的制高點

③ 開羅最醒目的清真寺

居高臨下的大城堡，珍珠白的洋蔥頭清真寺非常醒目。

開羅：大城堡

大城堡中最為醒目的是穆罕默德阿里清真寺。

至少預留時間
只想看清真寺：約1~2小時
大城堡走透透：約3~4小時

附近沒有地鐵站，最方便的方式為搭計程車前往

Al Abageyah, Qesm Al Khalifah
2512-1735
08:00~16:30
全票E£200

MAP
P.31
F3

大城堡
Salah El-Din Citadel

　不管你在開羅的任何一個角落，都可以見到這所山丘上的大城堡！這個地區曾經是埃及的統治中心，其統治時期長達七百年之久，由蘇丹王於1176年開始興建，當初是為了抵抗十字軍，後來在土耳其、拿破崙甚至法國統治期間都是一個重要的據點。大城堡佔地遼闊，涵蓋3座清真寺及數間博物館，城堡東端的視野更遼闊，可以站在城牆內透過槍眼欣賞市容。

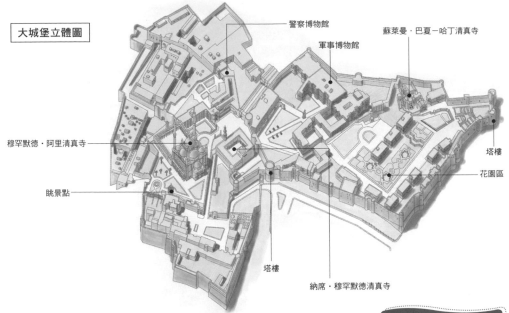

大城堡立體圖

警察博物館

軍事博物館

蘇萊曼·巴夏－哈丁清真寺

穆罕默德·阿里清真寺

塔樓

花園區

眺景點

塔樓

納席·穆罕默德清真寺

由於地勢高闊，大城堡四周遍布眺望開羅市容的眺望點。

從大城堡看到的瑞法清真寺

從大城堡看到的蘇丹哈山清真寺

怎麼玩大城堡才聰明？

去之前先檢查服裝！

不要穿著無袖上衣或短褲、短裙，有些**清真寺**甚至要求**女性包裹頭巾**，雖然可以和寺方租借，但鑑於衛生考量，可自備一條輕薄紗巾，用以遮陽和參觀清真寺用。

大城堡可以這樣逛

一般隨團觀光的行程只安排參觀最具代表性的**穆罕默德·阿里清真寺**，時間寬裕的遊客可選擇性的順遊**納席·穆罕默德清真寺、警察博物館、軍事博物館**，並漫步到城堡的另一端參觀**蘇萊曼·巴夏－哈丁清真寺**。

055

整座大城堡都是歷史遺跡，除了穆罕默德‧阿里清真寺，有時間的話不妨也看看城堡內其它2座清真寺和博物館～

穆罕默德‧阿里清真寺
Mosque of Muhammad Ali

穆罕默德‧阿里清真寺是大城堡中的焦點，佔地遼闊。(詳見P.60)

蘇萊曼‧巴夏－哈丁清真寺
Mosque of Sulayman Pasha al-Khadim

偏居城堡東端一隅的蘇萊曼‧巴夏－哈丁清真寺建於16世紀早期，也是埃及第一間鄂圖曼式清真寺。(詳見P.59)

納席‧穆罕默德清真寺
Al-Nasir Muhammad Mosque

這座清真寺罕見的展現多種文化的融合，呈現獨一無二的特質。(詳見P.59)

軍事博物館
National Military Museum

前身為王宮的一部份，改建的軍事博物館沒有披露血腥的戰爭場面，陳列品多為武器、軍服、獎章等。

眺景點
Gawhara Terrace

穆罕默德·阿里清真寺外的小亭是絕佳的眺景點，可俯瞰開羅市景，包括近在咫尺的蘇丹·哈山清真寺。

警察博物館
Police Museum

館內陳列介紹多樁轟動一時的謀殺及暗殺事件。

花園區
Garden

事實上，這兒也是一處博物館，草地上錯置的立柱及其他清真寺的遺跡就是展品。

塔樓
Tower

由城牆內層的石階可登上塔樓眺景，但因塔樓年久失修，上端已呈傾圮，不可逞強登高。

開羅清真寺巡禮Mosques of Cairo

開羅擁有大約一千座宣禮塔，每天5次按時提醒遊客伊斯蘭教無遠弗屆的威力。八百多座大大小小的清真寺寫下了伊斯蘭教統治埃及的歷史，令人嘆為觀止，也被列入聯合國教科文組織的世界遺產，讓伊斯蘭區(Islamic Cairo)成為開羅極富特色的地區。

清真寺解構圖

宣禮塔Minaret
圓頂Dome
聖地麥加的方向Qibla
主要入口
聖龕 Mihrab
講壇 Minbar
聖堂Sanctuary

清真寺參觀禮儀

◎進入清真寺前請在入口脫鞋，寺方在入口處備有鞋櫃，一般有專人看守，遊客可斟酌付小費。若無意付費或無人看守的情形，可自行提鞋進寺，但要注意不要將鞋子隨意置放在寺內。

◎寺內勿喧嘩，拍照前請先詢問寺方人員。

◎如遇信徒禮拜祈禱時間，請在寺外等待。

解構清真寺

宣禮塔 Minaret
宣禮塔具有向教徒宣告祈禱時間的作用，首座宣禮塔約建於8世紀，後世陸續增建清真寺必定也修建宣禮塔，各朝各代的宣禮塔造型都不相同。現今開羅城內的宣禮塔總數無人認真統計過，近千座這個數字應不離譜。

圓頂 Dome
如同宣禮塔，清真寺圓頂的裝飾圖案也隨著朝代變更而有所不同。

聖堂Sahn
聖堂為寺內主要大廳，共教徒膜拜祈禱使用。

聖龕 Mihrab
嵌入牆內的聖龕永恆朝向聖地麥加的方位，以引導教徒面朝聖地膜拜，它的重要性與華麗的造型成正比。

講壇 Minbar
位於聖龕旁邊，通常為雕飾繁複的木雕或鑲嵌精美的大理石材質。

伊斯蘭區

胡塞恩廣場和清真寺
Midan al-Hussein & Al-Hussein Mosque
征服門 Bab al-Futuh
Bab El-Shaaria
哈金清真寺 Al-Hakim Mosque
凱旋門 Bab al-Nasr
Sulaymán Age Silahdar Mosque
席海密之家 Bayt al-Suhaymi
Le Riad
Aqmar Mosque
維卡拉 Wekalet Bazaraa
Barquq Madrasa-khanqah
納瑟清真寺 El Nasir Mosque
卡胡達沙比·庫丹 Sabil-Kuttab of Katkhuda
Qalawun Madrasa Mausoleum
Salih Nagim El Din Ayyub Madrasa-mausolem
巴斯拜清真寺 El Ashraf Barsbay Mosque
Arabian Nights
El 安斯拉夫巴斯拜清真寺 Ashraf Barsbay Mosque
哈利利市集 Khan el-Khalili
格胡利陵墓 Mausoleum of Al-Ghouri
阿茲哈大學 Azhar University
伊斯蘭藝術博物館 Museum of Islamic Art
阿爾哈清真寺 Al-Azhar Mosque
Bab Bazaar
帳篷市場 Tentmakers Bazaar
沙利塔顙清真寺 Salih Talai Mosque
Qajmas el Lshagi Mosque
馬力達尼清真寺 Maridani Mosque
Bayt el Razzaz
安奎沙克清真寺 Mosque of Aqsunqur
Umm el Sultan Shaan Madrasa
Khayrbak Mosque
Alin Aq Palace
伊本圖倫清真寺 Mosque of Ibn Tulun
瑞法清真寺 Al Rifa'i Mosque
Carriage Mosque
蘇丹哈山清真寺 Mosque-Madrassa of Sultan Hassan
國家警察博物館 National Police Museum
Bab el Gadid
Seized Mosque
軍事博物館 Harim Palace
Sharia El Salblya
奎貝沙比·庫丹 Sabil-Kuttab of Qaitbey
大城堡 Citadel
穆罕默德·阿里清真寺 Muhammad Ali Mosque
納席·穆罕默德清真寺 Al-Nasir Muhammad Mosque
蓋爾·安德生博物館 Gayer-Anderson Museum
珠寶宮 Qasr el (Jewel Palace)

景點	廣場	博物館
地鐵	飯店	清真寺
購物	碉堡	學校

蘇萊曼·巴夏－哈丁清真寺
Mosque of Sulayman Pasha al-Khadim

早在1141年，這裡就已經有座清真寺了，而蘇萊曼·巴夏－哈丁清真寺完工於1528年，原本的用途是大城堡南端的哨兵塔。這裡的宣禮塔、多座圓頂、精雕的講壇、彩繪的橫樑、以及墓室內的壁畫都是精品，值得細賞。

●P.55 ●附近沒有地鐵站，最方便的方式為搭計程車前往 ●位於大城堡內 ●08:00~16:30，清真寺在週五祈禱時間不開放 ●含於大城堡門票內，全票E£200 (大城堡詳見P.54)

三度繼位與退位的蘇丹

納席·穆罕默德處於馬穆魯克王朝實行寡頭政治的時代，名義上王國由蘇丹統治，但實際上是由數個掌領兵權的將領所支配。蘇丹的王位也由將領們彼此爭鬥勝出而決定，若爭鬥的時間長，就由蘇丹的兒子暫代蘇丹之職。

納席就在這種情形下兩度繼位又被迫退位，當他組織軍隊第三度奪回政權時，他實施專制獨裁政權，剝奪將領們的兵權，維持局勢安定，繼而大肆建造清真寺，為馬穆魯克王朝留下甚多建築精品。

納席·穆罕默德清真寺
Al-Nasir Muhammad Mosque

這座清真寺罕見的展現多種文化的融合，美麗的宣禮塔貼有綠色花陶，散發波斯風韻，內部的圓柱則混合了法老王乃至希臘羅馬時期的風格，呈現獨一無二的特質。

●P.58B3 ●附近沒有地鐵站，最方便的方式為搭計程車前往 ●位於大城堡內 ●08:00~16:30，清真寺在週五祈禱時間不開放 ●含於大城堡門票內，全票E£200 (大城堡詳見P.54)

©wikimedia Seiko

由於大量運用雪花石膏裝飾門面，因而有「雪花石膏清真寺」(Alabaster Mosque)的暱稱。

穆罕默德·阿里清真寺
Mosque of Muhammad Ali

穆罕默德·阿里於1805~1848年統治埃及，他認為有必要在城堡中建築一座清真寺以供祈禱之用，他花費了18年的時間(1830~1848年)興建了這座清真寺，賦予它現代化埃及的象徵意義，猶如金字塔之於古埃及一般。清真寺竣工於1857年，建築師沿襲鄂圖曼形式打造，極具土耳其風韻，雖然其大膽造型惹來不少批評，但始終無損其無可取代的地位與價值。

⚐P.58B3 ⚑附近沒有地鐵站，最方便的方式為搭計程車前往 ⌂位於大城堡內 ⊙08:00~16:30，清真寺在週五祈禱時間不開放 ⑤含於大城堡門票內，全票E£200 (大城堡詳見P.54)

穆罕默德•阿里是何方神聖？

穆罕默德•阿里因為當失勢的馬穆魯克王朝(Mamluk)與掌權的鄂圖曼帝國在埃及境內殺伐不斷時，他毅然接受民意受封總督，公然逼迫君士坦丁堡政權承認這項決策；

另一方面，他藉開會之名邀集馬穆魯克將領至大城堡會面，一舉誅殺了這批心頭大患，這椿驚天動地的屠殺案奠定其統領埃及的威權。

他行事雖專制，但對提昇埃及現代化不遺餘力，並積極推廣教育、改良耕作，帶領埃及蛻變為可與鄂圖曼帝國抗衡的強國，因此也有「現代埃及的奠基人」之稱。

中庭

美輪美奐的中庭面積約3,000平方公尺，比清真寺的面積還大，四面柱廊環抱，柱廊頂端覆蓋著小型的圓頂，共計有47座，相當別致。中庭中央的水池位於玲瓏的小亭內，這是讓信徒進入祈禱時淨身使用。

尖瘦造型的宣禮塔為鄂圖曼時期的代表作品。

圓頂與宣禮塔

清真寺有兩個尖塔、一個巨大圓頂，這個造型帶有濃厚的土耳其風格，因為建築師是來自土耳其的尤瑟夫·波斯塔克(Yusuf Bushnaq)，所以這座清真寺基本上是蘇丹阿曼清真寺與土耳其聖索菲亞大教堂的混合體。清真寺的建築集宏偉之大成，凡事都以最大、最高為考慮重點，除了巨大的圓頂外，還有2座達82公尺的尖塔。

咦？這鐘樓和清真寺的風格好像不太一樣？

隔著水池與祈禱室對望的是一座鐘塔，裡頭那座鑲滿彩繪玻璃、黃銅的精緻大鐘，是法皇路易·菲利浦(Louis Philippe)於1846年回贈埃及的禮物，以感謝埃及將路克索神殿前的方尖碑致贈法國。但這座鐘塔從被送到開羅後就一直故障至今，據說是在運送過程中受損的。

中央圓頂的四個角落裝飾阿拉伯字圓盤，上方以書法字體寫下先知穆罕默德等人名號。

自然光藉由圓頂上的彩色天窗透進室內，一扇扇數不盡的窗戶多達136扇。

祈禱室

遼闊、高聳而華麗的祈禱室是清真寺極為驚人的部分，4根巨大的石柱撐起圓頂，最高的中央圓頂達52公尺，平面直徑為21公尺，另外還有4個相同大小的圓頂環繞著。挑高的建築結構以及對開的出入口，讓這處位於燠熱開羅市區裡的空間顯得相當舒適，不但四面八方吹來涼風，還有極佳的採光設計。

隔鄰的瑞法清真寺(Al Rifa'i Mosque)為其「仿製品」，不妨比較兩者的建築風格有多近似。（左為蘇丹哈山清真寺，右為瑞法清真寺）

蘇丹哈山清真寺
Mosque-Madrassa of Sultan Hassan

此清真寺佔地廣達10,200平方公尺，採4座拱形大廳呈十字形環抱中庭的結構設計，4個角落各建有一座學院(Madrasa)，分別代表遜尼派的4個學派：哈乃斐派Hanafi、罕百里派Hanbali、馬立克派Maliki及沙斐儀派Shafi'i。最精采的部分是面朝聖地麥加的主廳聖堂，70條垂鍊與華美的聖龕、講壇構成一幅令人屏息的畫面。

◉P.58A3 　◉附近沒有地鐵站，最方便的方式為搭計程車前往 ⌂Midan Salah al-Din ◷09:00~17:00 ⑤全票E£80，包含瑞法清真寺

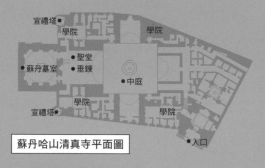

蘇丹哈山清真寺平面圖

宣禮塔　學院　　　學院
蘇丹墓室　聖堂　垂鍊
　　　　　　　　中庭
宣禮塔　學院
　　　　學院　　入口

☛有此一說～

建造經費竟是這樣得來的？

1354年哈山奪回了政權，但遇上了埃及爆發黑死病的災難，來勢洶洶的瘟疫使死亡人數不斷攀升，因病死亡者的家產全數移轉給了哈山，氣派雄偉的蘇丹哈山清真寺可說就是靠著這筆錢財建立的。

垂鍊
懸掛油燈的垂鍊
多達70條，營造
出特殊的景觀，
部分的垂鍊收藏
在開羅伊斯蘭博
物館中。

宣禮塔
蘇丹·哈山清真寺原欲興建4座宣禮塔，但陸續發生的倒塌意外使工程停
頓，目前僅餘2座，體型較小的宣禮塔建於17世紀，另一座為原始的建築物，
是目前開羅市內最高的宣禮塔，實際高度有多種說法。

入口
高大的入口為嵌壁式設計。

中庭
中庭廣達1,152平方公尺，四周圍繞
著高牆和4座拱形大廳，坐落於中
央的水池造型典雅，頂端還建有一
座小圓頂。

蘇丹墓室
墓室挑高28公尺，正中的石棺安葬
著26歲被親信暗殺的哈山。西元
1660年的大地震曾震毀墓室，至
鄂圖曼時期才加以重建。也有一說
法是據說刺客殺了哈山後，就把他
的遺體丟到尼羅河，至今都還未被
找到，而這墓室是為了紀念哈山而
修建的。

聖堂
前端有立柱支撐的大理石平台(Dikka)，精緻的講壇也是大理石材質，正中
的聖龕為多彩大理石鑲嵌，做工細緻。

伊本圖倫清真寺
Mosque of Ibn Tulun

伊本·圖倫清真寺落成於西元879年，在現代華麗清真寺的環伺下，自有一股成熟的韻味，令人傾倒。這座清真寺是現有展現阿拔斯時期(Abbasid)輝煌歷史的唯一建築，不同於後期清真寺大量運用石材的風氣，採用紅磚塗抹灰泥的素淨手法，建造這座佔地廣達2.5公頃的聖殿，顯露出不凡的氣派。

◎P.58A3 ◎搭地鐵1號線於El-Sayyida Zeinab站下，步行約25分鐘可達 ⌂Sharia al-Saliba
◷09:00~17:00

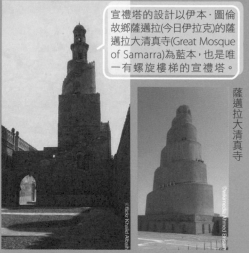

宣禮塔的設計以伊本·圖倫故鄉薩邁拉(今日伊拉克)的薩邁拉大清真寺(Great Mosque of Samarra)為藍本，也是唯一有螺旋樓梯的宣禮塔。

薩邁拉大清真寺

伊本圖輪清真寺立體圖

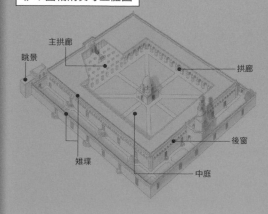

眺景
主拱廊
拱廊
後窗
雉堞
中庭

這裡的中庭足以容納當時所有居民於週五禮拜，四面環抱的柱廊密刻著可蘭經。

緊鄰的蓋爾・安德生博物館頂樓，是眺望伊本・圖倫清真寺的最佳地點。

中庭
中庭面積相當遼闊，位於中央的噴泉小亭是西元13世紀重建的建築物。由中庭可望見呈螺旋外形的磚造宣禮塔，造型獨一無二。

雉堞
嚴格的説，伊本・圖倫清真寺並沒有正門，其北、南、西三面建有高牆，維持清真寺遺世獨立的安寧，三面牆面闢有19道小門供出入，牆頭頂端飾有人形雉堞，造型特殊。

主拱廊
東面羅列著5排拱廊，氣勢萬千。

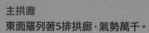

拱廊
拱廊的拱門造型並非渾圓，呈現罕見的尖形。

後窗
後牆共闢有128扇窗，每扇窗內的花式造型都不同。

哈金清真寺
Al-Hakim Mosque

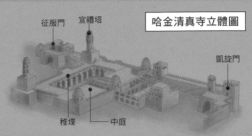

征服門　宣禮塔

凱旋門

稚堞　　中庭

這座完成於西元1013年的清真寺，以教長哈金(Al-Hakim bi-Amr Allah)為名，事實上始建於他的父親阿傑茲(Al-Aziz)。這間清真寺除宗教用途外，在不同時期曾作為監獄、馬廄、軍營、倉庫及學校。1980年，一批在印度孟買的伊斯蘭博拉教派(Bohra)教徒徹底整修哈金清真寺，還其應有的面貌，只不過這一回更增添了幾分印度風味。

◆P.58B1 ◎搭地鐵3號線於Bab El-Shaaria站下，步行約10分鐘可達 ⋒位於征服門與凱旋門旁 ◎09:00~17:00

宣禮塔宛如熏香爐，塔身破例截短安置在正方形的城樓上，乍看之下像融合為碉堡建築的一部份。

廣闊的中庭簡單利落，兩座分踞南北端的宣禮塔造型獨一無二。

胡塞恩清真寺
Al-Hussein Mosque

胡塞恩清真寺今日的建築是1870年時重建原址清真寺的結果。這座清真寺是開羅極為重要且神聖的聖殿之一，因為這裡埋著穆罕默德先知之孫胡塞恩(Hussein)的頭。1153年時，人們將他的頭從巴勒斯坦帶來此處，埋在祭壇之下，不過，這座清真寺只開放給伊斯蘭教徒入內，並不歡迎觀光客參觀。

◆P.58B1 ◎搭地鐵3號線於Bab El-Shaaria站下，步行約15分鐘可達 ⋒Midan al-Hussein

宣禮塔上依舊可見14世紀的灰泥飾板。

清真寺坐落的廣場是伊斯蘭區的中心，每逢齋戒月時，這片空地更成為舉行重要宗教儀式的地點。

阿茲哈清真
Al-Azhar Mosque

阿茲哈清真寺為典型的廊柱式結構，今日所見的規模是歷經多次擴建整修的結果。四面方整的拱門柱廊環抱著中庭，聖堂位於列有5排立柱的主柱廊，形式和伊本‧圖倫清真寺相仿。清真寺旁附設阿茲哈大學為世界最古老的大學之一，此大學依然維持著學術中心的崇高地位，來自各國的學生在此攻讀神學、法律、語法學、修辭學等多個科系，附屬的圖書館約有60,000冊藏書以及15,000卷手稿。

> 這座清真寺有1,400年的歷史，也是「千塔之城」開羅的第一間清真寺。

🚇P.58B2 🚩搭地鐵3號線於Bab El-Shaaria站下，步行約15分鐘可達 🏠Sharia Al-Azhar

建於15世紀的入口大門俗稱「理髮門」(Bab al-Muzayinin)，源自往昔就讀的學生在此剃髮。

阿茲哈清真寺立體圖

女性祈禱室
阿卜杜勒‧拉赫曼‧卡特庫達墓室
新建聖龕
主柱廊 中庭
原始聖龕
柱廊外壁裝飾及稚堞
柱廊
古里宣禮塔
奎貝宣禮塔
阿奎布哈宣禮塔
入口大門

安奎沙克清真寺立體圖

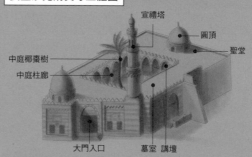

宣禮塔
圓頂
聖堂
中庭椰棗樹
中庭柱廊
大門入口　墓室　講壇

安奎沙克清真寺(藍色清真寺)
Mosque of Aqsunqur (Blue Mosque)

這座清真寺之所以能在眾多的清真寺中脫穎而出，乃因外牆是由特殊的藍灰色大理石砌成，以及裝飾內部的彩色花磚。寺中罕見的闢有3間墓室，分屬於安奎沙克、庫楚克(Kuchuk)、易卜拉辛‧阿迦(Ibrahim Agha)。阿迦在西元1650年整建此寺時，在墓室及聖堂(聖龕和講壇兩側)後壁加貼了靛青磁磚，自此，「藍色清真寺」之名不脛而走。

🚇P.58B2 🚩附近沒有地鐵站，最方便的方式為搭計程車前往 🏠Sharia At-Tabana ⏰09:00~17:00

這些靛青磁磚可能從大馬士革進口，細膩的花草圖案展現鄂圖曼土耳其的典型風格。

> 講壇為大理石鑲嵌多彩的幾何圖案

成堆的紀念品、掛燈、水煙、毛毯、肚皮舞服裝…
讓開羅搖身一變為充滿異國風情的購物天堂。

造訪哈利利市集理由
1 埃及最古老露天市集
2 體驗開羅的市井風情

開羅：哈利利市集

在這裡可以找到心儀的紀念品，還可
以把價格殺到滿意的價錢為止。

哈利利市集
Khan al-Khalili

MAP
P.58
B1

這處位於胡塞恩廣場旁、阿茲哈清真寺西北方的市集，原本只有幾處供商旅休憩的旅店(Khan)，後因商人集中在此買賣商品，再轉手出口或批發境內，逐漸成為重要的物資交流中心。到了20世紀，該市集因應旅遊業興起，成為香料、香精、布料、地毯、掛毯、銅製品、金銀飾品、水煙、陶瓷器、鑲嵌盒、雪花石膏等通俗商品的集中地。

至少預留時間
街頭買到結尾：説了你也不一定會聽吧…
順便看看附近的清真寺：約1~2小時

搭地鐵3號線於Bab El-Shaaria站下，步行約15分鐘可達

胡塞恩廣場旁　約10:00~00:00
週五上午和週日全天許多店舖休息

各式各樣的店家座
落在一條條巷弄
中，令人眼花撩亂。

怎麼玩
哈利利市集才聰明？

小心別迷路了

宛如迷宮的哈利利市集，一
不小心就會失去方向，建議
可以挑**顯眼的建築或商標
為標誌**，提醒自己的方位。

殺價是當地禮儀

在哈利利市集等觀光區域
購物，建議可以**從3折開始
殺價**，如果對方開價超過原
價的5折太多，則可直接離
開，因為去別間商店説不定
還是能找到同樣的商品。

開羅最古老的街道

Muizz街是開羅最古老的
街道之一，北至哈金清真
寺、南至從沙利塔賴清真
寺，長約1公里。沿路有許
多**伊斯蘭教重要建築**，如蘇
丹Qalawun大院(Qalawun
complex)、維卡拉、沙比·庫
丹等。

除了大城堡，這裡也可以俯望伊斯蘭區喔！

格胡利陵墓
(Mausoleum
of Al-Ghouri)
的歷史回溯至
16世紀初，可
攀登其塔樓俯
望伊斯蘭區，
清晨與黃昏是
最佳的時段。

掛滿各種造型掛燈的商店，彷彿身在《阿拉丁》的阿格拉巴城。

想要滿意的價格？殺價小tips

◎如果你的外表看起來很溫和，殺價的成功率大概只有20％！店員多激動你就多激動，氣勢搶在店員之前，就比較容易成功，例如店員說你們是「Good Friend」，你就跟著喊「Good Friend」並說出你心中理想的價格。

◎購物時結伴同行，一方面可以找人幫忙「贊聲」，而當殺價陷入膠著時，一方拉著另一方表現出「走了！不要買了」的樣子，也能提高殺價成功的機率！

清真寺可能會要求女性包裹頭巾，參觀之前不如先在這裡買一條紗巾，也可以披著防曬。

市集周邊除了清真寺，也不要錯過這些清真古建築！

 MAP P.58 B1

維卡拉
Wekalet Bazaraa

如何前往
搭地鐵3號線於Bab El-Shaaria站下，步行約12分鐘可達

info
◉Sharia al-Tombakshiyya
◔8:00~17:00 ⓢ全票E£40

每間客房都裝飾著雕工細膩的木格窗。

　　旅店在馬穆魯克時期稱為「克汗」，到了鄂圖曼時代改稱「維卡拉」(Wekalet)，儘管朝代更迭，旅店的生意始終熱絡，絡繹於途的沙漠商旅促使旅店如雨後春筍般一家家開張。然而隨著市場行銷的轉變，當年見證貿易興隆的旅店多已沒落、傾圮、消失，如今在這座中世紀城市裡只留下大約20棟左右的維卡拉，供後人追憶，它們或成為文化單位整修留作歷史的紀錄，或搖身一變成了辦公室。

2樓的客房隔成臥室、廚房、浴室等，有些還設計成樓中樓，空間雖有限，但完全符合「商務旅館」的要求。

2樓

面朝大街的底層建築設有一排店面，便於商旅和商家交易。

入口大門

旅店大門多半為挑高設計，為突顯氣派，許多旅店不惜重金裝飾，精湛的鑲嵌工藝顯現當時富裕繁華的盛況。

開羅：哈利利市集

071

MAP P.58 B1

卡胡達沙比・庫丹
Sabil-Kuttab of Katkhuda

如何前往

搭地鐵3號線於**Bab El-Shaaria**站下，步行約12分鐘可達卡

info

🔘**Al-Muizz li-Din Allah**

🕐**08:00~16:00**

🚫週五

　　沙比・庫丹的建築看似簡樸，實則鋪陳精緻，門面上精雕的木樑、多彩大理石鑲嵌出幾何圖案，構築成一處玲瓏剔透的天地。進入室內，沁涼的地板上嵌入一方水池，對於被乾熱沙漠環抱的城市，這確實是上天的恩賜，民眾、商旅就環坐在水池邊，高大的木格窗引進光線，杜絕了外面的喧嘩。

精緻的沙比・庫丹靜默的矗立在街邊，令人不由自主的駐足細賞。

2樓的學堂昔日是年幼的孩童學習可蘭經的地方。

功用二合一的建築？

　　早在馬穆魯克時期，沙比・庫丹就出現在開羅地區，到了鄂圖曼帝國統治期間達到顛峰。沙比・庫丹其實是兩種建築的合稱，「沙比」(Sabil)是設有公共水泉之處，位於建築內的底層，供民眾、商旅、牲口飲用；「庫丹」(Kuttab)是教授可蘭經的學堂，設在沙比樓上，「水」與「教育」正是伊斯蘭先知讚頌的兩項「天恩」。

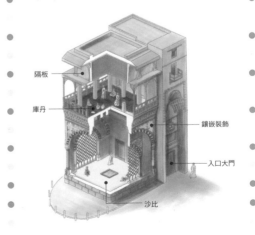
隔板
庫丹
鑲嵌裝飾
入口大門
沙比

MAP
P.58
B1

席海密之家
Bayt Al-Suhaymi

如何前往

搭地鐵3號線於Bab El-Shaaria站下，步行約10分鐘可達

info

⌂Darb al-Asfar ◷09:00~17:00

$全票E£80

　　隱藏在巷內的席海密之家堪稱是18世紀私人豪宅的精品。入口的轉折通道已經說明大戶人家的規矩，使平常人家不得窺見高牆之內的奧妙。出了通道，迎面的是柳暗花明的庭院，登門的貴客就先至庭院邊的涼廊休憩賞景。

婦女起居室以密雕的木格窗引光、透氣，婦女可倚在窗邊窺看中庭或街巷，外人卻完全無法自木窗的密縫中望見房內。

內部裝設多角形的屋頂引進涼風及光線，在房間頂部鑲嵌多彩玻璃，令人印象深刻。

開羅：哈利利市集

王牌景點 4

這座教堂位於昔日 ✝ 巴比倫碉堡 ✝ 的南門上，使得教堂中庭猶如 「吊」在走道 之上。

造訪懸空教堂理由
1 埃及科普特教派的中心
2 科普特藝術重鎮
3 伊斯蘭教國家的基督教區

懸空教堂的阿拉伯文原名「El Mu'allaqa」，意思就是「懸吊」

教堂也被稱為「階梯教堂」，因為從入口到教堂大門必須攀爬29級階梯。

開羅：懸空教堂

至少預留時間
教堂四處拍照：約0.5~1小時
順遊科普特博物館：約2~3小時

搭地鐵1號線於Mar Girgis站下，步行約1分鐘可達

⌂Sharia Mar Girgis
◷09:00~16:00 ⓢ免費

✝ MAP P.75 B2 懸空教堂
Hanging Church (El Mu'allaqa)

　　教堂興建於3~4世紀之間，當時要在這種醒目的地方蓋間教堂，絕對是不可能的事，因此信徒以棕櫚樹的樹幹與葉子把這座長方形的大會堂尖塔圍了起來。至於教堂的主要部分，據推測應建於5~6世紀之間，之後才慢慢增建東南方的「上教堂」，這座教堂在9世紀時遭到推毀，11世紀時重建，成為埃及科普特教派的中心。另外還有很多具歷史意義的畫像、手工藝品等，現在都存放在科普特博物館，這些文物都可上溯到西元8世紀。

科普特區

尼羅河 River Nile

往開羅市中心方向↑

A B

1 1

阿慕爾·伊本·阿斯清真寺
Mosque of Amr Ibn al-As

巴士站

羅馬塔
Roman Towers

市場

科普特博物館
Coptic Museum

←往尼羅河女量儀 Nilometer
和Grand Nile Tower Hotel

聖喬治修道院
Monastery & Church of
Saint George

Mar Girgis M

聖薩吉厄斯教堂
Church of St. Sergius
and Bacchus

聖芭芭拉教堂
Church of
St. Barbara

班以拉猶太會堂
Ben Ezra Synagogue

懸空教堂
Hanging
Church

2 2

◎景點 ✝教堂 ⬜博物館
⊤購物 ⬡飯店 ☪清真寺
Ⓜ地鐵 ⬜巴士站

A B

懸空教堂立體圖

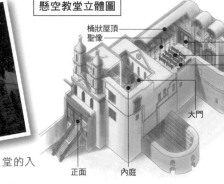

桶狀屋頂
聖像

聖壇屏幕
聖堂
講壇

大門

正面　內庭

前往懸空教堂的入口處

別白跑一趟了

教堂**彌撒時不對外開放**，也就是週三、週五08:00~11:00以及週日09:00~11:00過去會吃閉門羹喔！

科普特藝術沒看夠？

©Wikimedia Djehouty

科普特博物館收藏了早期基督教時代到7世紀阿拉伯人征服初期的藝術品，也是世界上最重要的**科普特藝術重鎮**。（詳見P.78）

📖 科普特與科普特教派Copts

「科普特」(Copts)一詞來自希臘文Αἰγύπτιο (Egyptian)，原是指「埃及人」，後來演變成「埃及基督徒」的統稱，也就是所謂的「科普特教派」。

據傳早在西元40年左右時，使徒聖馬可(Saint Mark)便來到亞歷山卓宣揚教義，而後在2~3世紀時，基督教在埃及各地迅速傳播開來，不料卻因7世紀阿拉伯人的入侵帶來了伊斯蘭教，使得科普特教派逐漸沒落。科普特教派在發展上歷經艱辛，特別是受到羅馬皇帝戴克里先(Diocletianus)的迫害，造成許多教徒殉教而死，因此科普特教派特別以該皇帝登基的284年為科普特元年，其宗教節日也與部份新基督教派略有出入，例如他們的聖誕節落在每年的1月7日。

教堂外的描述聖經故事的馬賽克鑲嵌畫。

科普特教堂和你所認識的教堂可能有點不一樣……
受伊斯蘭文化影響的基督教堂會有多特別呢？

開羅：懸空教堂

大門

雕刻繁複且鑲嵌精緻的門興建於11世紀。

正面

教堂正面頗為素淨，為19世紀所建，有著一座小型門廊及高梯，其上高高聳立著2座鐘樓。

聖堂

內庭

小巧的內庭裡，擺有販賣聖樂、教宗講道錄影帶、書籍和明信片的攤位。

通過內庭進入聖堂，可見兩排列柱支撐著呈筒狀木造拱頂的屋頂，其中鑲嵌象牙的屏幕、大理石製的講壇都是精品。三座祭壇分別供奉中央的聖母瑪麗亞(Virgin Mary)、右邊的施洗者聖約翰(St. John the Baptist)、左邊的聖喬治(St. George)。

聖堂靠進入口的地方，有處地板特別以玻璃為蓋，訪客可一觀腳底懸空的景象。

筒狀
屋頂

這屋頂造型有沒有像倒過來的船隻？那是因為屋頂是仿照挪亞方舟設計的。

木造的筒狀屋頂由立柱和拱頂支撐,立柱的形式顯示取自早期古建築。此外,教堂內還可看到以幾何圖形、花紋為圖案的精緻裝飾。

聖像

這幅聖母瑪麗亞畫像可以說是教堂最有名的畫像,有「科普特的蒙娜麗莎」之稱。

裝飾教堂內部的聖像也是懸空教堂的特色之一,全部共有110幅,最古老的聖母瑪麗亞像可追溯至8世紀,其餘的畫像為18世紀的作品。

聖壇
屏幕

雕刻伊斯蘭幾何圖案的屏幕以黑檀木鑲嵌象牙而成,為12~13世紀的作品。屏風的上部彩繪著耶穌的畫像,聖母陪伴在側,右邊還有報喜天使加百利與聖彼得,左邊則是大天使米迦勒、聖保羅與施洗者聖約翰。

講壇

大理石造的講壇是11世紀所造,13根支柱象徵耶穌與他的12個門徒,至於黑色那根代表後來背叛耶穌的猶大。

077

如果還想要更深入了解科普特文化，不如動身前往科普特博物館！

MAP P.75 B2

科普特博物館
Coptic Museum

如何前往

搭地鐵1號線於**Mar Girgis**站下，步行約1分鐘可達

info

◎Sharia Mar Girgis

◎09:00~16:00 ◎全票E£100

　　科普特博物館包含了古埃及、希臘、羅馬、科普特至現在的伊斯蘭文化，特別是從早期基督教時代到7世紀阿拉伯人征服初期的藝術品格外珍貴，讓它成為世界上最重要的科普特藝術重鎮。

　　博物館於1910年由Marcus Simaika Pasha創立，除了珍貴的文物外，此區居民也大力捐贈衣物、壁畫和聖像。這裡也收藏了從埃及博物館搬來的基督教收藏，以及法國古埃及學家馬斯佩洛(Gaston Maspero)所收藏的科普特時期古物。

Did YOU KnoW

還在襁褓中的耶穌曾到此一遊？

根據亞美尼亞人與阿拉伯人的文獻記載，聖家族(**Holy Family**，包括聖母、襁褓中的耶穌、約瑟)曾長途跋涉來到開羅，居住於舊開羅區中的一個洞穴。據說科普特博物館附近的聖薩吉厄斯教堂(**Church of St. Sergius and Bacchus**)就建立在這個洞穴上面。

衣服

這些衣服約是6~7世紀時埃及人穿的衣服，以亞麻布織成，上面有象徵科普特宗教的十字型圖案，據此還可判斷當時的織品深受東邊拜占庭帝國與伊斯蘭早期文化的影響，以單純的圖騰為象徵圖案。

中世紀的修士以圖案設計手寫聖經的風氣相當盛行。

科普特語聖經

這是從努比亞地區昆沙‧威茲(Qasr-el-Wizz)的教堂所找到的聖經，根據判斷為10~11世紀的文物。聖經以科普特語書寫，首頁為交織紅、綠、黑三色的十字型，此圖案最早使用於5世紀，有些頁面點綴著像是鱷魚、孔雀等動物圖案。

 科普特人自創的語言

科普特語就是古埃及文字發展的最後形式，該語言約流行於西元100~460年間，是古埃及基督徒借用希臘文字拼寫古埃及文發音、進而創造出的一種語言。不過隨著阿拉伯文取代其地位，如今科普特語只存在教會中。

醫生用的儀器

這些器材是當時醫生所使用的手術用品，可以瞭解當時醫藥技術堪稱先進。

Did YOU KnoW

Did YOU KnoW

他們才是真正的「法老的後裔」？

現在的埃及人大多是641年占領埃及並大量遷入此地的阿拉伯人，真正古埃及人的後裔只有當初被阿拉伯人稱為「科普特人」的當地人。但根據近年統計，科普特人只占埃及人口的10~15%，且成為「伊斯蘭國」(ISIS)的眼中釘，在2016及2017年皆遭遇教堂爆炸恐怖攻擊，讓科普特人的處境更加艱難。

科普特標誌

科普特時期的標誌就是基督教的十字標誌。

在阿拉伯的回教文化全面傳入埃及之前，埃及是信奉科普特教(基督教)的，因此此時期的建築物上都繪有這個標誌，目前當地仍然有科普特信徒，不過數量極少。

木雕祭壇

這個祭壇原存放在老開羅區的聖薩吉厄斯教堂、聖芭芭拉教堂(Church of St. Barbara)教堂內。祭壇共由12根柱子支撐，上面裝飾著雕滿花紋的拱門以及十字與豆莢形狀的圖案，象徵著只要經過洗禮，人們的靈魂就可以獲得再生。祭壇上有一座高大的木材圓拱保護著，是法蒂瑪王朝後特別加上去的部分。

亞當和夏娃的畫像

這是一個頗有意思的畫作，上面裸身的男女就是聖經中人類的始祖亞當與夏娃，畫風是純粹東羅馬帝國(拜占庭)形式，一旁的解說文字為科普特語。

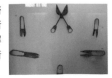

「古代世界七大奇蹟」中唯一僅存的奇景，
沒看過金字塔不能說你來過埃及！

造訪吉薩金字塔區理由

1 埃及旅遊的最佳代言人

2 古代七大奇蹟碩果僅存者

古夫(Khufu)、卡夫拉(Khafra)和孟卡拉(Menkaure) 祖孫三代金字塔的四面均面對正東、正南、正西、正北，排列的方位讓許多學者費盡疑猜。

 MAP P.80 B1 **吉薩金字塔區**
Pyramids of Giza

4,000多年前，法老王選擇歸葬在這片風塵僕僕的沙礫地，一聲令下，數萬名民工聚集鑿石，在風沙中堆砌出世界之最的陵墓，這是有關金字塔用途迄今最廣為接受的答案，至於其他的一切依舊成謎。汗牛充棟的學術專論不斷出版，從推斷古埃及人具有廢止地心引力的法力，到精密的天文、數學計算，巍峨的金字塔始終籠罩著神秘的氛圍，靜默的禁錮著未知的文化與智慧，穿梭千年時光，使金字塔成為古代七大奇蹟碩果僅存者。

開羅周邊

Shibin El-kom
Aracan Pyramides Hotel
Le Méridien Pyramids Hotel & Spa
Mena House Hotel
開羅Cairo
薩卡拉 Saqqara
階梯金字塔 Pyramids of Step
彎曲金字塔與紅色金字塔 Bent Pyramid & Red Pyramid
達蘇爾 Dahshur
吉薩金字塔區 Pyramids of Giza
曼菲斯Memphis
曼菲斯博物館 Memphis Museum
海爾溫Helwan

⊙景點 ⊞飯店

一起來聽獅身人面像講故事～
聲光秀的內容以獅身人面像為主角旁白敘述，搭配上前方古牆上投影出古埃及法老們及金字塔的精采故事，而三座偉大的金字塔則由各色雷射燈光輪流打亮，搭配上古典樂聲，在60分鐘的聲光秀裡讓遊客領略金字塔夜間之美！不過提醒要觀賞夜間聲光秀的大家，夜間沙漠裡溫差甚大，帶上厚外套或是小毯子才不會感冒喔！

📖 古埃及人用了將近60年的「實驗」才建出今天所看到的金字塔…

階梯金字塔
首創打造金字塔這項概念的，是法老王左塞爾(Zoser)的大祭司印何闐(Imhotep)，他傑出的建築素養，啟發他為天神之子打造一座通天陵墓的靈感，創造出頂天立地的階梯金字塔。

彎曲金字塔
斯涅夫魯(Sneferu)為自己蓋金字塔時，在工程進行中發現原本以55°仰角興建的四角錐斜面會讓金字塔難以承受頂部重量，於是將仰角改為43°，導致這座金字塔斜面呈現滑稽的弧形，因此被稱為彎曲金字塔。

↓

紅色金字塔
斯涅夫魯歷經不斷的努力，終於完成真正的金字塔——紅色金字塔，這個完美呈現四角錐狀的新金字塔同樣採仰角43°的弧面。

↓

古夫金字塔
古夫成功打造了這座高146.59公尺的金字塔，四邊側面正對著東、西、南、北四極，底座是個毫無瑕疵的正四方形，邊長約230公尺，讓這座大金字塔至今無人能超越。

怎麼玩吉薩金字塔區才聰明？

金字塔群夜晚聲光秀

為了讓世人感受金字塔群的雄偉，在人面獅身像前廣場晚間會上演**炫麗的燈光秀**，分別以英語、華語、法語、德語、義大利語、西班牙語、阿拉伯語等多國語言呈現。

天下沒有白吃的午餐

小販將商品遞給你，說是「送你的」，但如果沒有購買意願，建議**不要隨便把商品拿到手中**。另外，也不太會有路人「主動」且「免費」幫忙拍照，這些通常都是要**收小費的服務**。

議價要注意

不論是購物或騎乘駱駝、馬、驢或搭帆船等活動，**議價時一定要再三確認細節**，例如幣值是埃鎊還是美金、遊程時間多久等，避免發生糾紛，也不會傷了旅遊的興致。

ℹ️
📍Pyramids of Giza (位於開羅南方約11公里處)
🕐07:00~16:00
💲　　　　　　　　　　　單位：埃鎊E£

金字塔區(包含獅身人面像旁的河谷神殿) Giza Plateau	240
進入金字塔或博物館參觀須另外付費： 古夫金字塔 Great Pyramid of Khufu	440
卡夫拉金字塔 Pyramid of Khafra	100
孟卡拉金字塔 Pyramid of Menkaure	100
太陽船博物館 Solar Boat Museum	100
金字塔區＋古夫金字塔＋太陽船博物館套票	600

至少預留時間
慢慢欣賞：約2~3小時
神殿夜晚聲光秀：1小時

搭地鐵2號線於Giza站下，後轉搭計程車或迷你巴士前往。計程車可直達售票口，迷你巴士則停靠金字塔路(Pyramids Rd.)，須再步行約600公尺才能抵達售票口。

吉薩金字塔區立體圖

孟卡拉金字塔　　　卡夫拉金字塔　靈殿　吉美力墓室
　　　　　　　　　　　　　　　　　船坑遺址　　　古夫金字塔
皇后金字塔　靈殿　　　　　　　　　　　　　　　靈殿
　　　　　　　　　　　　　　　　　　　　　　　皇后金字塔
　　　　　　　　　　　　　　　　　　　　　遺落的塔尖
　　　　　　　　　　　　　　　　　　　　　皇后金字塔
　　　　　　　　　　　　　　　　　　　　　　貴族及官員的墓室
　　　　　　　　　　太陽船博物館　　　　　堤道
　　　　　　　　　謝蘇努費墓室　　　　　　　河谷神殿
堤道　　　　　　　　　皇后金字塔
　獅身人面像
圍牆　　　　　　　　　　　　　　　　　　　　獅身人面像神殿
　　　　　　　河谷神殿
　　　　　　河谷神殿　　　　　　　　　　　耕地
　　凱薩絲一世皇后陵墓
　　　　　　　　　　　　　　　運河

金字塔可以這樣拍！

第一招：別穿大地色系
不管是金字塔或是神殿，大多都是土黃色系的建築，除非你是打從心裡想要與背景融為一體，否則避開大地色系的服裝，絕對是拍出美照的第一選擇。

第二招：借位拍趣味照
來到壯觀的吉薩金字塔區，除了用心感受眼前所見的世界奇景，想必也會迫不及待留下值得紀念的影像紀錄吧。

近拍

靠著金字塔塔尖做變化。

運用地上的小石塊也能營造出搬大石的感覺喔！

遠拍

從堤道拍，與獅身人面像玩親親。

或捧、或捏，讓金字塔變成掌中玩物！

金字塔的興建之謎

金字塔就形同令法老王復活的工具,古埃及人深信參與建造金字塔必會得到天神庇祐。他們擁有超乎想像的天文、建築、數學、幾何等知識,掌控令人咋舌的精確度,金字塔所呈現的方位、各項體積數據仍是無解的謎團,而如何將堅實的石塊削切出精準的斜度,更是懸疑了近5,000年的秘密。

工具

這些工具可協助測量星辰定出建造金字塔的方位,以及定出岩塊垂直、水平及傾斜度。

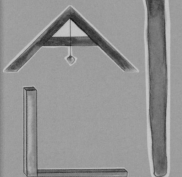

Did YOU KnoW

金字塔不是奴隸建出來的喔!

當人們想像金字塔的建築場景時,多半會聯想到奴役、鞭打、監視,不過隨著越來越多的證據出土,這種想像也被徹底推翻。考古學家在金字塔旁發現工人營地遺址,遺址中有大量魚、牛、羊骨,而從工人墓地挖出的骨骼也檢測出頗高的蛋白質含量,顯示當時的工人飲食豐盛、營養均衡。此外,少數工人遺骨上也發現手術痕跡,證明他們受到良好的醫療照顧,這些都不是奴隸可能享有的待遇。

搬運岩塊

搬運岩塊的方式推斷是將岩塊放在平橇上,利用圓木做為滾軸,移運到指定位置。

定方位

觀察圍繞天極的星辰升落完成天文觀測紀錄,進而定出南北方位。

金字塔興建方式1

造出螺旋形的斜坡層層加築,最後削去坡面即成角錐形金字塔。

金字塔興建方式2

建造一面寬廣的坡道,斜坡高度隨金字塔逐漸築高而增高,最後去除斜坡即竣工。

高不可攀的埃及金字塔，不僅誇耀高度、年歲，更自傲於那謎樣的建構技巧…

開羅：吉薩金字塔區

古夫金字塔
Great Pyramid of Khufu

興建於第4王朝的古夫金字塔(或譯「胡夫金字塔」)，是此金字塔群中年歲最長、體型也最大的一座。4,500年前，斯涅夫魯的繼承人古夫成功打

造了這座高146.59公尺的金字塔，四邊側面正對著東、西、南、北四極，底座是個毫無瑕疵的正四方形，邊長約230公尺，誤差微乎其微。此金字塔還擁有許多令人咋舌的數據，隱藏著可能石破天驚的秘密，但即便訪客不明瞭這些細節，也絕抵擋不了第一眼望見古夫金字塔的震撼印象。

古夫金字塔立體圖

- 減壓室
- 承材支撐的窄室
- 通風孔道
- 通風孔道
- 通風孔道
- 通風孔道
- 法老王墓室
- 通道
- 吊閘
- 入口
- 皇后墓室
- 副通道
- 上升通道
- 地下墓室
- 下傾通道

古夫金字塔的入口處

開羅的穆罕默德・阿里清真寺部分建材就是金字塔崩落的「外包石塊」。

遺落的塔尖

金字塔外觀應是平整的斜面，但在1303年的大地震時，這些「外包石塊」(casing stones)悉數崩落，因而露出內部階梯狀的結構。

古夫金字塔原本高146.59公尺，不過自從其塔尖崩落後，如今只剩138.74公尺，而遺失的塔尖如今已成為金字塔東南角落的殘缺石堆，令人難以想像過去塔尖通常鑲飾天然金銀合金，以反射太陽神光芒於大地的模樣。

Did YOU KnoW

太陽船其實沒有什麼實際用途？！

太陽船的建造，目的並非為了在人世間航行，在古埃及的信仰中，太陽神拉(Ra)每日會乘著太陽船出航，入夜後又乘著太陽船離去，因此才會在金字塔底下埋著太陽船，令法老王的亡靈得以追隨拉神的太陽船直到來世。

開羅：吉薩金字塔區

外型像太空艙的太陽船博物館

船坑遺址
Solar Boat Pit

1954年5月26日，考古學家馬拉克(Kamal el-Mallakh)在古夫金字塔南側發現深3.5公尺的船坑，上面覆蓋著41塊石灰岩，船坑內安放著一艘華美木船的碎片。埃及古船專家穆斯塔夫(Ahmed Youssef Mostafa)耗費14年完成1,224塊雪松碎片拼合工程，重建的船隻架設在太陽船博物館內展示。

皇后金字塔
Queens' Pyramids

這三座小金字塔分別安葬古夫的妻子與姊妹荷努森(Henutsen)，以及母親赫特菲瑞絲(Hetepheres)等皇室女子。

太陽船博物館
Solar Boat Museum

復原的太陽船長43.4公尺、寬5.9公尺、吃水深度為1.5公尺、排水量為45噸，令人驚訝的不只是它龐大的結構與建造技術的成熟，更在於不產雪松的埃及，居然在4,600年前便能從遙遠的國度運來數量如此龐大的雪松，進行大規模的國際交易。

卡夫拉金字塔
Pyramid of Khafra

　　卡夫拉(或譯「哈夫拉」)為古夫之子，在19世紀之前，人們深信卡夫拉金字塔內未建墓室，直到1818年3月2日，義大利探險家貝爾佐尼(Giovanni Belzoni)發現了塔內的密道及墓室，現今金字塔北面留有2處入口，離地約10公尺高的那處，就是當年貝爾佐尼所開鑿的洞口，另一處為供遊客進出的開口。

堤道
Causeway

通過河谷神殿的主殿，沿著斜長通道前進即可走上全長494.5公尺的堤道，這裡可欣賞獅身人面像的全貌。

河谷神殿
Valley Temple

倒T字形的主殿內保有採自亞斯文(Aswan)紅色花崗岩的立柱，地板為雪花石膏石。西元1852年，埃及考古學家馬里埃特(Auguste Mariette)在此發掘出23座法老王閃長岩雕像，現移藏埃及考古博物館。

 獅身人面像的未解之謎？

◎獅身人面像和卡夫拉王到底是什麼關係？
有人認為它是法老王形象的具體化，這項說法源自立於獅爪間的石碑。實際上這塊由圖特摩斯四世(Tuthmosis IV)所立的石碑已殘缺破損，碑上除載明他夢見獅身人面像應允他，若清除堆積在獅身的沙土就助他登基為王一事外，有關「Khafra」這個名字浮雕殘損不全，不能證明碑上記載了卡夫拉王任何事蹟。
◎它或許原來的樣子不是現在我們所看到的？
獅身人面像多次掩埋在沙土中，僅頭部露出，但被沙土掩埋的獅身侵蝕的程度竟比飽受風沙吹打的頭部嚴重，引人猜測這座頭像並非原始雕像，其他如獅形動物的信仰、雕像臉部破損的原因等疑竇，都有待專家們進一步探索追查。

獅身人面像
Sphinx

通過河谷神殿的主殿，沿著斜長通道前進即可走上全長494.5公尺的堤道，這裡可欣賞獅身人面像的全貌。

金字塔上的洞是阿優比(Ayyubid)王朝的蘇丹試圖推毀金字塔時所造成的，結果最後因金字塔實在太龐大了而放棄。

孟卡拉金字塔
Pyramid of Menkaure

孟卡拉金字塔是3座金字塔裡最小的一座，其體積僅及古夫金字塔的十分之一。據傳，孟卡拉王逝世時金字塔尚未完工，繼位的謝普塞斯卡弗(Shepseskaf)趕工興建，外層原擬舖設紅色花崗岩，僅完成一半就改舖石灰岩，現今金字塔底部外層還殘留原始加舖的的紅色花崗岩，且顯現倉促完工的樣貌。

河谷神殿
Valley Temple

遭沙土掩埋的河谷神殿於1908年曾清理過，美國考古學家芮斯納(George Reisner)在此發掘出數座孟卡拉王雕像，現藏於埃及考古博物館中「孟卡拉王三人組雕像」就是在此出土。

Did YOU Know
沉入地中海的埃及法老王

1837年，英國上校維斯(Richard William Howard Vyse)及工程師佩林(John Perring)發現入口進入墓室，才打破維持了4,500年的寧靜。隔年，維斯將孟卡拉王石棺裝船運往英國，但中途沉船，被迫離鄉的法老王最後沉入了深海底。

皇后金字塔
Queens' Pyramids

這三座皇后金字塔已呈傾圮，最東側的金字塔推測為皇后卡蒙羅內比蒂二世(Khamerernebty II)的陵墓。

埃及金字塔不只有吉薩這區才有,沙卡拉(Saqqara)和達蘇爾(Dahshur)的金字塔可是比吉薩區的歷史更久遠!

印何闐是第一位開始使用石材取代泥磚與蘆葦建材的建築師,並且改革了過去王室墳墓的模樣。

MAP P.80 B1 階梯金字塔
Step Pyramid of Zoser

如何前往

由開羅或吉薩前往沙卡拉的公共交通十分不便,須轉乘數次,且佔地甚廣的沙卡拉和附近擁有不少遺跡,最方便的方式是參加從開羅出發的一日遊行程,希望參觀時間更自由的人,也可以從開羅包一天的計程車,順道遊覽曼菲斯和達蘇爾等地。

info

🏛位於開羅南方約25公里處

🕐08:00~16:00,齋戒月提前至15:00關閉

💲金字塔與印何闐博物館套票E£200

金字塔前的眼鏡蛇雕像

　　階梯金字塔1924年才被發現,是目前年代最古老、首座以岩石代替磚塊建構的大型陵墓。起初,印何闐只是想利用石塊取代泥磚來建築馬斯塔巴(Mastaba,矩形墓地),但為了使馬斯塔巴從遠處看來更加明顯,便在頂部又加蓋一個較小的馬斯塔巴,新的外觀給了印何闐靈感,於是他就這麼層層堆疊,猶如通往天上階梯的金字塔。但也有一說:左塞爾夢見自己走上天梯與太陽神聚合,因此下令印何闐將其陵墓興建成此模樣。但無論如何,階梯金字塔都可視為埃及金字塔的濫觴。

電影演的都是假的~大祭司印何闐不是邪惡反派啦!

收藏於羅浮宮的印何闐雕像

有看過《神鬼傳奇》(The Mummy)的人都會知道印何闐是戲中大反派、與法老情人偷情的壞蛋,但事實上他是古埃及的偉大建築師!他雖出身平民,卻是法老左塞爾的大法官、大祭司、神廟建築師及御醫,甚至姓名和頭銜被刻在左塞爾雕像的台座上,他死後亦被神化,可見這位法老王有多倚重印何闐。

階梯金字塔立體圖

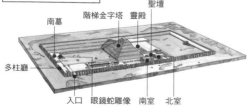

南墓　階梯金字塔　靈殿　聖壇
多柱廳
入口　眼鏡蛇雕像　南室　北室

學者推測，假門廊的設計可能和法老王的靈魂「卡」有關，其真實原因仍有待查證。也有一種說法是這些假門是為防盜而設計的。

金字塔四周原築有寬約300公尺、長約500公尺的石灰岩高牆，由氣派的入口大門可清楚看出所使用的石材及採宮殿式連續凹壁的設計。這裡共有15道門廊，其中14道是假的，只有一道門是真的。

入口

此室內入口旁的牆壁上，可以發現西元前1232年(拉美西斯二世統治時期)時一位遊客的塗鴉，他以僧侶體、黑墨水寫下當時參觀左塞爾遺跡的遊行。

南室

靈殿 位於金字塔北側，後期吉薩金字塔群將靈殿建於金字塔東側，以期法老王在旭日東昇時能獲取太陽神的能量。

想和其他法老王不一樣的左塞爾

昔日的王室墳墓和皇宮一樣皆以泥磚砌成，這種埋在地下的矩形墓地稱為「馬斯塔巴」。隨著古埃及人生死觀念的漸趨完備，法老王對死後地宮的重視開始超越生前的宮殿，短短的人世不及死亡長久，而永久保存的陵墓則為法老王木乃伊的復活提供了保證，於是左塞爾便命令印何闐為自己興建埃及有史以來首座石造陵墓。

聖壇 位於靈殿旁，象徵著基室，內有法老王雕像，聖壇高處開有兩個小孔洞，法老王的雕像可透過小孔洞觀望室外動靜。現今安置於聖壇內的雕像為仿製品，真品藏於埃及考古博物館內。

開羅：吉薩金字塔區

DiD YOU KnoW

想連任法老王？沒那麼容易！

南室的長方形中庭是用來舉辦「賽德祭」(Heb Sed)的地方！這個儀式是法老王在位滿30年的皇家慶典，除了一般的遊行與獻祭外，「賽德祭」最特別的莫過於為了證明法老還有體力及精力能繼續統治，法老本人要進行賽跑等體力大考驗！卡納克神殿內就有描述法老在賽德祭中跑步的浮雕，按照這依此慣例，能夠執政到90歲高齡的拉美西斯二世身體狀態可以說是好得嚇人！

彎曲金字塔與紅色金字塔
Bent Pyramid & Red Pyramid

MAP P.80 A2

如何前往

由開羅或吉薩前往達蘇爾的公共交通十分不便，須轉乘數次，最方便的方式是參加從開羅出發的一日遊行程，希望參觀時間更自由的人，也可以從開羅包一天的計程車，順道遊覽沙卡拉和曼菲斯等地。

info

📍 位於沙卡拉南方約10公里處

🕐 08:00~16:00，齋戒月提前至15:00關閉

💲 全票E£60

　達蘇爾(Dahshur)位於沙卡拉的最南端，是金字塔發源地，真正的(非階梯式)金字塔最早出現在第3王朝法老王胡尼(Huni)時期。胡尼開始在美杜姆(Meidum)興建金字塔，他試著將階梯的部份填平，使之呈正四角錐形，也就是我們所熟知的金字塔外觀。不過由於無法克服技術問題而未成功，現在只看到崩落後殘留下來的骨架。

紅色金字塔

歷經不斷的努力，斯涅夫魯終於完成真正的金字塔——紅色金字塔，這個完美呈現四角錐狀的新金字塔同樣採仰角43°的弧面，因以紅石灰岩為材質，在炙熱的陽光下發出赭紅色的光澤而得名。

紅色金字塔保存尤其良好，內部以承材支撐的隔室毫無受損。

彎曲金字塔

胡尼的兒子斯涅夫魯(Sneferu)在達蘇爾為自己蓋了一座幾乎成功的金字塔——彎曲金字塔。在建造邊長188公尺的正方形地基上、以55°仰角興建四角錐斜面時，斯涅夫魯發現金字塔難以承受頂部重量，於是為了不重蹈其父在美杜姆的覆轍，他將仰角改為43°，導致這座金字塔斜面呈現滑稽的弧形。

紅色金字塔可以說是第一座「滑面」的真金字塔。

開羅出發的
小旅行

瀕臨美麗地中海的亞歷山卓有著獨特氣質，與瀰漫著神秘色彩的古埃及截然不同，這座海港城市被稱為「地中海的珍珠」的埃及第二大城，呈現的歐洲風情與中東地區大不相同。

地中海

亞歷山卓
開羅● 蘇伊士運河
以色列
約旦
西奈半島

聖凱瑟琳修道院
St. Catherine's
Monastery
沙烏地阿拉伯

尼羅河

利比亞沙漠

胡爾加達
Hurghada
紅海

利比亞

努比亞沙漠

納瑟湖

蘇丹

亞歷
山卓
約225公里
約2.5～3小時

開羅
出發

GO! ※所有時間皆以從開羅出發計算

去一趟車程大約3小時，
兩天一夜沒那麼趕

推薦
距離雅典
約225公里
車程
2.5~3小時

MAP
P.93

亞歷山卓
Alexandria

同場加映：開羅出發的小旅行

如何前往

◎火車

從開羅的拉美西斯火車站可搭乘火車前往亞歷山卓，車程約2.5~3小時，一天有10多班火車。直達車票價約USD25。

亞歷山卓有兩個火車站，一是位於亞歷山卓市中心的Misr火車站(Mahatta Misr)，前往各處都很方便，也有14號電車經過；另一個Sidi Gaber火車站(Mahatta Sidi Gaber)則位於比較東郊，可搭乘1、25號電車前往市區。

火車會先停靠Sidi Gaber火車站後，才抵達位於市中心的Misr火車站，下車前記得先確認清楚。由於發車時刻、票價時有變動，請於搭車前事先詢問旅遊服務中心或鐵路服務台。

info

Misr火車站 ☎426-3207
Sidi Gaber火車站 ☎426-3953

◎長途巴士

從開羅的Cairo Gateway巴士站每天都有巴士前往亞歷山卓，車程約3小時。

長途巴士站Al-Mo'af al-Gedid位於Midan Saad Zaghloul以南好幾公里遠處，可以從Misr火車站搭乘迷你巴士前往，或是搭乘計程車前往，從市中心到巴士站的車資約E£32。

◎飛機

每天都有班機來往開羅國際機場和亞歷山卓Burg Al-Arab機，飛行時間約45分鐘。

Burg Al-Arab機場位於市區西南方約45公里外，可搭乘機場巴士前往市區，車程約1小時，或搭乘計程車前往市區。

　兩千多年前，意氣風發的亞歷山大大帝欽點這處濱海小漁村，作為連結埃及與馬其頓的國都，頂著光環的亞歷山卓就此誕生。雄才大略的托勒密(Ptolemy)將軍在亞歷山卓的建設——世界七大

亞歷山卓的海灣路(El Corniche)西至奎貝堡、東至蒙塔札宮，沿路有許多度假飯店。

©flickr Albert

尋訪海底古城

亞歷山卓附近的地中海海域蘊藏著豐富的千年古蹟,吸引找門道的考古學家及熱愛古蹟的遊客,許多潛水公司應運而生,推出1日遊、2天1夜、3天2夜、4天3夜甚至7天6夜等潛水行程,有意造訪「埃及豔后」失落古城的遊客,可洽旅遊服務中心代為介紹或安排。

奇景之一的法羅斯燈塔(Lighthouse of Alexandria或Pharos Lighthouse)、博學院(Mouseion,原意為希臘文中的「博物館」),使得亞歷山卓成為科學、哲學、文學的交流中心。

亞歷山卓後來成為羅馬的領地,隨後歷經政教衝突、阿拉伯征服,從此風華不再。如今的亞歷山卓反而成為一座悠閒的濱海避暑勝地,以和緩的氣候、古典的舊宅、錯亂的巷弄展現另一番動人的面貌。

○ 市區交通

◎計程車

亞歷山卓的計程車採議價方式,因此搭乘前不妨先詢問旅館當地人的合理車資,一般來說從市中心(如**Windsor Palace Hotel**或西希爾飯店)到奎貝堡或亞歷山卓圖書館,約需E£20。

◎巴士

市區的巴士總站位於Misr火車站前的Gumhuuriiya廣場,可於此搭乘巴士及迷你巴士。行經Corniche街的迷你巴士最為便利,不過搭乘前需先確認目的地,一般來說迷你巴士車資約E£2。

◎電車

電車在亞歷山卓相當於地鐵,是市內相當方捷的交通工具,缺點就是速度慢,藍色電車由市中心往東行駛、黃色電車則行駛往西的路線,營運時間為每日05:30~00:00(夏季延長收班時間至凌晨01:00),車資依距離遠近而定。

◎旅遊中心 Tourist Office

・市中心

🚇Midan Saad Zaghloul ☎807-985 ⏰08:30~18:00

・Mahatta Misr

🚇Misr火車站1號月台 ☎492-5985 ⏰08:30~18:00

亞歷山卓市區

魚市場 Fish Market

奎貝堡 Fort Qaitbey

東港 Eastern Harbor

西港 Western Harbor Gomrok

地中海 Mediterranean Sea

Helnan Palestine Hotel

Windsor Palace Hotel
Midan Saad Zaghloul
西希爾飯店 Cecil Hotel

蒙塔札宮及花園 Montazah Palace and Gardens

Sheraton Montazah Hotel

Mandara

亞歷山卓圖書館 Bibliotheca Alexandria

旅遊服務中心 Tourist Office

皇室珠寶博物館 Royal Jewellery Museum

Midan Tahrir
Attarien

希臘羅馬博物館 Greco-Roman Museum

Sidi Bishr

Sharia Gamal Abdel Nasser

Sidi Bishr火車站

蒙塔札火車站 Montazah

至Abu Qir

龐貝柱 Al-Mo'af al -Gedid

柯蘇卡法墓 Kom El-Shuqafa Monuments

Misr火車站
Karmous

Sidi Gaber火車站

Al-Nasr

Montazah

長途巴士站 Al-Mo'af al -Gedid

Moharrem Bey

Gabriel火車站
El-Raml

○景點 ○公園 ♨城堡 � ฏ博物館
H飯店 ⓢ商店 ++++電車 ฏ圖書館
ℹ遊客中心 ⓕ火車站 ⓑ巴士站

瑪里奧湖 Lake Mariout

羅馬圓形劇場 Kom el-Dikka

動物園 Alexandria Zoo

瑪慕迪亞運河 Mahmoudiyya Canal

↓至機場、開羅

同場加映：開羅出發的小旅行

圖書館內有一區展示著埃及印刷術的演進。

① **亞歷山卓圖書館**
Bibliotheca Alexandrina

循著濱海大道往東走約1.5公里，一幢未來感十足的建築赫然臨海矗立，這就是展現亞歷山卓東山再起的圖書館。

圖書館於2002年對外開放，外觀為一座直徑長達160公尺的傾斜圓柱體，斜面鑲嵌玻璃帷幕，總面積達36,770平方公尺，藏書800萬冊。除主要閱覽室外，裡頭還附設了手抄本(Manuscript)、古蹟(Antiquities)、科學史(History of Science)等博物館和天文館(Planetarium)，以及多間特殊閱讀室等設施。

⊙P.95A1 ⊘可從市中心搭乘計程車前往 ⌂Al-Corniche, Shatby ⊙週日至週四10:00~19:00(博物館至17:00)，週六10:00~14:00 ⊙www.bibalex.org
⑤ 單位：埃鎊E£

	全票	優待票
圖書館與多座博物館套票	70	10
手抄本博物館 The Manuscripts Museum	30	10
古蹟博物館 The Antiquities Museum	50	25
天文館 Planetarium (含科學史博物館)	依展演主題而定	

曾經的世界最大圖書館

西元前297年，托勒密一世曾打造一座附屬於博學院(Mouseion，原意為希臘文中的「博物館」)的圖書館，配合一系列獎勵學術的推展計劃，使亞歷山卓躋身為地中海區域的文化中心，連阿基米德(Archimedes)都是亞歷山卓圖書館館員。該圖書館擴展到最後，藏書多達70萬冊，卻在西元前8年遭到焚毀。

② 羅馬圓形劇場 Kom el-Dikka

這座圓形劇場於1964年由波蘭考古學家發現，經過30年的挖掘，終於清楚呈現過去的面貌。歷史回溯到西元4世紀，屬希臘羅馬時期的典型建築。劇場在6~7世紀發生的地震中曾遭重創，所幸主要建築並未嚴重受損而留存良好，因此直到今日，劇場的回聲效果仍是一流，站在場中央說話或拍掌，聲音可清晰的傳至後排任一角落，可見設計完美。

🔎P.95A2 🚌可從Midan Saad Zaghloul沿An-Nabi Daniel路往南走，到Yousef路後左轉，再走約200公尺即達 🏠Sharia Yousri 🕐09:00~16:30 💲全票E£80

劇場東面的「群鳥府邸」(Villa of Birds)裡，華美的馬賽克鑲嵌地磚讓人驚艷，鴿子、孔雀、鸚鵡、鵪鶉等鳥類鑲嵌畫栩栩如生。

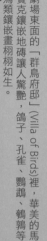

同場加映：開羅出發的小旅行

這是埃及境內碩果僅存的圓形劇場。

③ 龐貝柱
Pompey's Pillar

當年亞歷山卓的統治者為了傳播希臘文化，同時守護埃及文明，於是創立了「塞瑞皮斯」(Serapis)信仰。「Serapis」一詞源自埃及神祇歐西瑞皮斯Osirapis(冥神歐西里斯Osiris與聖牛Apis的結合體)，托勒密一世為其添加希臘諸神的特質，為子民締造了嶄新的守護神，並在洛寇提斯的山丘上建了祭祀「塞瑞皮斯」的塞拉潘神殿(Temple of Serapeum)，遺憾的是，基督徒在政教紛爭中摧毀了一切。

📍P.95A2 🚗從Midan Saad Zaghloul搭乘計程車前往
🏠Amoud il-Sawari ⏰09:00~16:30 💲全票E£80

這裡據說是亞歷山大圖書館(Great Library of Alexandria)的分館，如今只剩下一些泥土建的階梯與牆壁。

Did YOU KnoW

龐貝柱其實和龐貝將軍(Pompey the Great)一點關係都沒有

龐貝柱由整塊粉紅色花崗岩雕成，底部的碑文顯示為紀念羅馬皇帝戴克里先(Diocletian)，與龐貝毫無關係，傳言是到訪的十字軍誤認為龐貝將軍所建而錯誤命名，也有一說與龐貝於西元前48年被凱薩擊敗後來到埃及遭暗殺一事有關，產生了今日的誤會。

從地下墓室出土的文物，目前展示於希臘羅馬博物館。

龐貝柱高25公尺、周長達9公尺，為希臘古典建築的科林斯柱式(Corinthian)。

今日留存的遺跡不多，僅餘石柱、兩座花崗岩獅身人面像和充滿傳說的聖牛墓室。

©wikimedia ASaber91

元首級的待遇你也辦的到！

1964年第二次阿拉伯首腦會議在亞歷山大舉行，當時埃及政府為了好好款待這些阿拉伯國王和元首們，重新翻修了沙拉米力克宮，以作為貴賓們下榻之處，後來這座位於蒙塔札宮350英畝花園內的建築就順理成章轉型為五星級渡假飯店「Helnan Palestine Hotel」，飯店自成立開始便是接待各國元首貴賓之處，部分房間還可直接俯瞰蒙塔札宮，只要信用卡給他刷下去，你也可以有總統級的享受喔！

©flickr David Lisbona

④ 蒙塔札宮及花園
Montazah Palace and Garden

◉P.95C1 ◉可由Corniche街搭乘迷你巴士前往，或由市中心搭乘計程車前往，也可搭乘火車至Montazah站下車 ◉位於亞歷山卓東端 ◉09:00~22:00 ◉皇宮不開放參觀

距離亞歷山卓市中心約18公里、盤據在東北岬角，與奎貝堡隔著海灣遙遙相望的蒙塔札宮及花園，是處適合散步、透氣的好地方。偌大的花園綠林蓊鬱，散發罕見的熱帶風情。園區裡藏著兩座宮殿，哈拉米力克宮(Haramlik)興建於1932年，是埃及總統的避暑行宮，另一座沙拉米力克宮(Salamlik)是阿巴斯二世(Abbas II)於1892年所建，兩座宮殿建築風格迥異，見證改朝換代的歷史。

⑤ 奎貝堡
Fort Qaitbay

早在1480年，奎貝堡就矗立於岬角，護衛著亞歷山卓城，它的外觀平凡無奇，出色的是所在位置，西元前3世紀，巨型燈塔「法羅斯燈塔」(Lighthouse of Alexandria或Pharos Lighthouse)就是聳立在這裡。

入口處的紅色花崗石來自亞斯文，碉堡旁還有一座大型蓄水池，供圍城時使用，堡壘如今改建成一座海軍軍事博物館，展示從羅馬至拿破崙海戰時期的一些手工武器。

🅟P.95A1 🚎可搭乘黃色15號電車或從市區搭計程車前往 ⌂Eastern Harbour ⏰09:00~16:00 💲全票E£70

©flickr Hossam el-Hamalawy

碉堡厚實的外牆如今成為遊客漫步賞景和拍照取景的瞭望台。

15世紀時，馬穆魯克蘇丹奎貝在原址利用現成的燈塔碎石，建成了這座奎貝堡。

同場加映：開羅出發的小旅行

Did YOU KnoW

這座燈塔有名到連宋朝人都知道？！

南宋期間各國商貿往來頻繁，1225年泉州市舶司提舉趙汝适遍訪來到宋朝的商人們而寫成了《諸蕃志》，其中便有紀載亞歷山卓的這座燈塔，書中寫道：「相傳古人異人徂葛尼，於瀕海建大塔，下鑿地為兩層，磚結甚密……」，裡面所寫的「徂葛尼」據說是亞歷山卓的阿拉伯文音譯，所以可見這座巨型燈塔在當時世界真是頂港有名聲下港有出名啊！

一度被列為世界七大奇景之一的燈塔

西元前300年，就在亞歷山卓海岸邊的法羅斯島(Pharos)上，興建了一座巨大的燈塔，這座名留青史的燈塔高推斷有約122~135公尺高，耗時15年修建。正方形的底層有上百間供工作人員使用的廳房，第二層為八角樓，第三層為圓樓，最頂層架設燈架。

燈塔的中心是兩座螺旋狀起降機，可利用水力讓燃料運送到頂端，至於頂端的燈更是充滿傳奇，有人認為當時燈塔上裝置了光亮的鋼製鏡子，白天利用太陽反光、夜晚上則是使用火柱，但也有人認為這面鏡子是以透明的玻璃製成。

燈塔的想像圖

©wikimedia Emad Victor SHENOUDA

堡壘本身是欣賞亞歷山卓海灣的最佳地點。

©wikimedia Roland Unger

©flickr Vyacheslav Argenberg

同場加映：開羅出發的小旅行

⑥ 柯蘇卡法墓
Catacombs of Kom el-Shoqafa

長眠於此的家族依舊採取古埃及祭祀方式，其建築與壁畫則結合古埃及與當代技術。儘管祭壇壁畫展現純粹的古埃及風格，但當時參與建造的建築師與藝術家卻都經希臘羅馬藝術的訓練與薰陶，因而形成混合的表現手法，這也是亞歷山卓所獨有的希臘羅馬式古埃及藝術，以雕塑為例，已擺脫古埃及僵直的造型而融入羅馬時期的靈活。比起純粹的古埃及圖像，這種融會的繪畫風格，線條較為靈活與柔軟，但卻失去原來的莊嚴與神秘感。

🏛P.95A2 🚶從龐貝柱步行前往約需5分鐘的時間，也可從市區搭乘計程車前往
🕐09:00~17:00 💲全票E£80

你有看過穿著羅馬軍團裝扮的亡靈守護神阿努比斯(Anubis)嗎？

同場加映：開羅出發的小旅行

獨特的壁面浮雕巧妙融合希臘與埃及兩大文化

宙斯使者赫密斯(Hermes)的雙蛇魔杖

戴著代表上、下埃及的紅白雙冠的聖蛇

希臘酒神戴奧尼索斯(Dionysus)的松果權杖

希臘女妖梅杜莎(Medusa)的圓盾

這柯蘇卡法墓也是世界七大奇蹟之一？！

由於古代世界七大奇蹟除了吉薩金字塔，其他都不復存在，因此後人在19~20世紀又列了「中古世界七大奇蹟」：柯蘇卡法墓、萬里長城、大報恩寺琉璃塔、羅馬競技場(Colosseum)、比薩斜塔(Leaning Tower of Pisa)、聖索非亞大教堂(Haga Sophia)、以及巨石陣(Stonehenge)。

Did YOU KnoW

被驢子發現的遺跡？！

柯蘇卡法墓從1990年開始挖掘，而這處偉大的發現據傳是因為一匹驢子不慎跌落洞內而意外曝了光！此區看來像座廢墟，卻蘊藏著埃及目前出土最大的羅馬墓地，其歷史可回溯到西元2世紀，墓主身分不明，由墓室的劃分形式可知最初可能是座家族墳墓，而後卻變成公墓。

---

⑦ 希臘羅馬博物館
Greco-Roman Museum

希臘羅馬博物館不但紀錄了托勒密王朝時期亞歷山卓的歷史，同時也紀錄了埃及的歷史，展覽的文物涵蓋埃及各個重要年代，包括基督教時期的大理石浮雕、雕像，屬科普特藝術的織物、壁畫、石碑，希臘羅馬時期的馬賽克鑲嵌畫、亞歷山大大帝像，阿布·吉爾(Abu Qir)地區出土的法老王時期文物、戴奧戴爾菲(Theadelphia)地區挖掘的鱷魚木乃伊、拜占庭古幣等等，顯露亞歷山卓昔日的光輝。

◑P.95A1 ◐從Midan Saad Zaghloul循Safiyya Zaghloul路往南走，到Al-Huriyya路左轉再走約250公尺即抵 ⌂5 Sharia Al-Mathaf al-Roumani ❶該博物館目前進行整修中，開放時間未定，整修後展覽廳和展出藏品也可能會有更動

同場加映：開羅出發的小旅行

羅馬皇帝頭像

眾多羅馬統治者頭像中包括凱撒、奧古斯都、提比略(Tiberius)、克勞狄烏斯(Claudius)、維斯帕先(Vespasian)、哈德良(Hadrian)等，皇室女性成員的頭像也陳列其中。

索貝克神殿

與鱷魚木乃伊一樣為祭祀鱷魚神索貝克，陳列在中庭的殘留遺跡為塔門。

鱷魚木乃伊

這座木乃伊出自崇拜鱷魚神索貝克(Sobek)的斐尤姆(Fayoum)地區，歷史回溯到西元前2世紀。

馬賽克鑲嵌畫

這幅鑲工精細的拼貼人像是托勒密三世的皇后貝瑞尼斯二世(Berenice II)，小方塊細膩的鑲嵌出皇后生動的姿容，雙眼的鑲工尤其精采。

牧羊人

這件白色大理石雕像是西元3世紀的文物，發掘於亞歷山卓西方約300公里處的美沙‧馬楚(Mersa Matrouh)。雕像雕刻著肩上扛了一頭羊、腳邊跟著兩隻羊的牧羊人，象徵著耶穌基督引領著信徒。

墓室壁畫

這幅墓室出自亞歷山卓西郊墳場，描繪兩頭牛運轉水車灌溉作物的情景，歷史可回溯到西元2~3世紀，十分珍貴。

皇后頭上的戰艦船首飾物，象徵著當時海上勢力的拓展。

銀杯

圖中這件銀杯貼有金箔，杯身裝飾希臘酒神戴奧尼索斯(Dionysus)斜臥在葡萄蔓藤中的景象，一群小愛神丘比特(Cupids)拉著葡萄藤，並在一座壓榨器上踩踏著葡萄。

墓地石碑

博物館內也有不少墓地石碑，這塊石碑繪有一名馬其頓騎兵，後有男僕跟隨，表現手法具古希臘藝術風格，也顯示在當時的亂世中，有許多離鄉背井的士兵戰死他鄉。

安東尼像
這座西元前1世紀的雕像傳説就是埃及艷后克麗奧佩脱拉的情人安東尼將軍(Mark Antony)。

亞歷山大頭像
共有三座亞歷山大頭像展現這位年輕的馬其頓君主精力充沛、活力無限的風采，其中一座採用紅色花崗岩、兩座以大理石為材質。

阿芙洛蒂像
這尊白色大理石雕像是希臘愛與美的女神阿芙洛蒂(Aphrodite)及其子愛神(Eros)，線條流暢、體態柔美。

托勒密四世頭像
這座頭像以紅色花崗岩雕刻，採埃及法老王的裝扮，頭戴代表一統上、下埃及的雙王冠，明顯強調統治埃及的合法性，迴避異邦人侵入進而統治埃及這項敏感問題。

石膏面具
館內收藏許多羅馬時期的石膏面具及木乃伊，歷史回溯到西元2世紀，這些彩繪面具按死者形象所繪，舉行喪禮時放置在棺木上。

面具繪有靈活的大眼，迄今色彩仍十分鮮豔。

同場加映：開羅出發的小旅行

奧理略雕像
身穿戎裝的羅馬皇帝奧理略(Marcus Aurelius)雕像以白色大理石雕刻而成。

塞瑞皮斯像
「塞瑞皮斯」(Serapis)是托勒密一世新創的神祇，結合了埃及眾神祇的特質，成功地成為當時埃及最普遍的新興信仰，展館內有多尊塞瑞皮斯的胸像。

聖牛像
這座聖牛雕像出土於龐貝柱的地下墓室，推論是西元2世紀作品，以黑色玄武岩按原物等比例雕成。

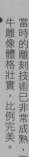

當時的雕刻技術已非常成熟，聖牛雕像體格壯實，比例完美。

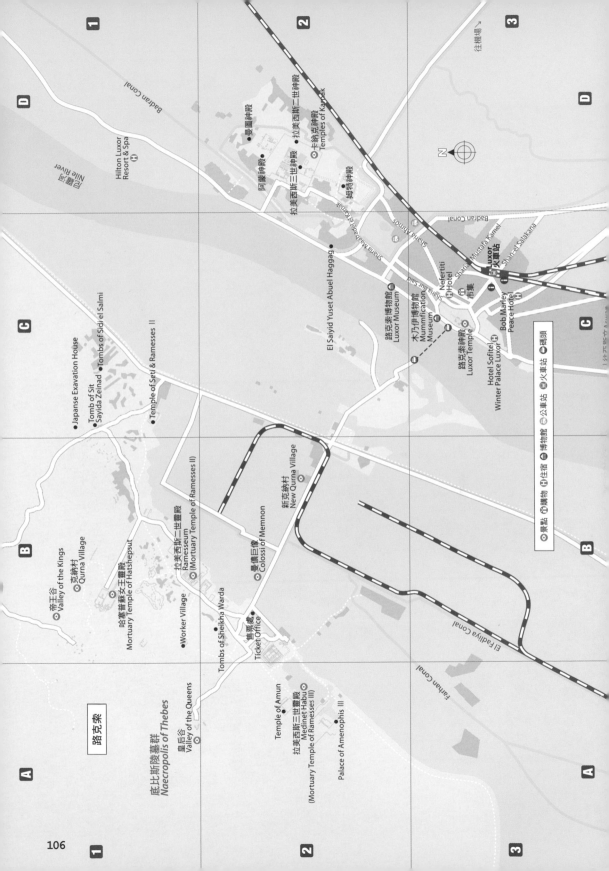

路克索

底比斯陵墓群
Naecropolis of Thebes

帝王谷
Valley of the Kings

克納村
Qurna Village

哈塞普蘇女王靈殿
Mortuary Temple of Hatshepsut

Japanse Exavation House

Tomb of Sit
Sayida Zeinad

Tombs of Sidi el Salmi

Temple of Seti & Ramesses II

Worker Village

拉美西斯二世靈殿
Ramesseum
(Mortuary Temple of Ramesses II)

Tombs of Sheikha Warda

售票處
Ticket Office

曼儂巨像
Colossi of Memnon

新克納村
New Qurna Village

皇后谷
Valley of the Queens

Temple of Amun

拉美西斯三世靈殿
Medinet Habu
(Mortuary Temple of Ramesses III)

Palace of Amenophis III

曼圖神殿

拉美西斯三世神殿

阿蒙神殿

卡納克神殿
Temples of Karnak

姆特神殿

El Saiyid Yuset Abuel Haggag

路克索博物館
Luxor Museum

木乃伊博物館
Mummifications
Museum

路克索神殿
Luxor Temple

Nefertiti
Hotel

Luxor
火車站

市集

Hotel Sofitel
Winter Palace Luxor

Bob Marley
Peace Hotel

Hilton Luxor
Resort & Spa

尼羅河
Nile River

Badran Canal

Badran Canal

El Fadliya Canal

Farhan Canal

往機場

N

1公尺100公尺

◎景點 ⑤購物 ⑪住宿 ⑪博物館
◎火車站 ⓖ公車站 ⓗ火車站 ⓗ碼頭

Shara Maabad el Karnak

Shara Atmos

Shara Mustafa Kamel

Shari-el Salakana

航向路克索的偉大航道

如何前往

飛機

　　路克索機場位於市區以北約7公里處，埃及航空的航班往來於開羅和路克索之間，飛航時間約1小時。路克索機場和市區之間沒有巴士銜接，只能選擇搭乘計程車。計程車車資沒有公定價，必須和司機詢價。

火車

　　每日有數班日間火車往來於開羅－路克索、路克索－亞斯文之間，另有往來於開羅－路克索－亞斯文之間的夜鋪火車。由於時刻表、車票、票價隨時有變動，因此搭車前詢問旅遊服務中心或鐵路服務台，同時最好事先購票。路克索火車站位於東岸市中心的Midan al-Mahatta，附設有行李寄放處，由此可以步行的方式前往路克索神殿，或是搭乘計程車、馬車等前往卡納克神殿。

埃及國鐵
☎2574-8279

路克索火車站
☎237-2018

夜鋪火車服務(Watania公司營運)
🌐wataniasleepingtrains.com (可查詢時刻表和預訂)

©wikimedia 公共領域

©wikimedia Marc Ryckaert

長途巴士

　　每日都有班車開往開羅、亞斯文、胡爾加達、Qena和蘇伊士等地，班車路線涵蓋埃及各大城，但由於班次、時刻、票價等經常無預警的變動，建議最好預先購票。但開羅到路克索路途長遠，搭車無論是時間長短、舒適度或安全度不如飛機和火車，故不建議使用長途巴士前往路克索。

Zanakta Bus Station
☎232-3218

上埃及巴士公司 (Upper Egypt Bus Co.)
☎237-2118

遊輪

　　路克索是尼羅河遊輪沿途停靠的重要據點之一，不過該遊輪以開羅和亞斯文的固定航程，必須全程參加。詳情見P.20~21。

©彭浩誠

路克索行前教育懶人包

基本資訊

人口：約42萬

面積：約416平方公里

區碼：95

市區交通

計程車

搭乘計程車是暢遊路克索最方便的交通工具之一，不過必須和計程車司機議價，通常短程車資約E£40~80，也可包車一天前往西岸，費用視時間長短和地點而異。

公車

雖然公車行駛路線遍及全市，但有些以阿拉伯文標示路線，有些根本完全無標示，對遊客來說並不方便。

馬車

想前往市區的景點或漫遊市街，也可以搭乘馬車(calèche)，馬車的費用為每小時E£150~350不等，得視個人的議價能力，搭乘前切記確認議價，以免發生糾紛。

迷你巴士

迷你巴士沒有地圖，且擁有固定的路線，可在火車站後方搭乘。一輛迷你巴士有約14個座位，只要舉手示意巴士就會停下讓你上車，若巴士已坐滿則不會停下。

上車找到位子後，每人即付車費給司機；如果沒有付錢司機會以為你不知道費用，在你下車時會跟你超收車費喔！想要下車只要在快到目的地時，跟司機喊停即可。

帆船

搭乘帆船是體驗尼羅河風情的好方法之一，同樣需要議價，每小時費用約USD10。

優惠票券

Luxor Pass

持有Luxor Pass基本上可以參觀路克索東、西兩岸的所有景點及博物館。Luxor Pass共有4種，分為全票、學生票，以及是否包含娜菲塔莉皇后墓(QV66)及塞提一世墓(KV17)等差異：

	全票	半票	可參觀景點
Premium Pass	USD 200	USD 100	路克索所有景點，包含娜菲塔莉皇后墓及塞提一世墓
Standard Pass	USD 100	USD 50	路克索所有景點，不含娜菲塔莉皇后墓及塞提一世墓

Luxor Pass的使用效期為5天。購買時需準備護照及證件照，只收美金或歐元現金。可於路克索博物館後方的Public Relations Office購買，售票時間為週一至週五09:00~16:30。

如果計畫在路克索待上4~5天，並且打算參觀許多景點及博物館，或者重複參觀某幾個景點，那就很適合購買Luxor Pass。另外，買了Luxor Pass之後也可以省去在各景點排隊買票的時間。

路克索宏偉壯觀的神殿，連古希臘詩人荷馬(Homer)都曾讚歎為「百門之城」！

路克索
Luxor

路克索

18~20王朝之間，古埃及首都從曼菲斯遷移往底比斯東岸(Thebes)，也就是現在的路克索。法老王的陵墓也不再選擇金字塔，反而以路克索西岸後方的達爾巴赫里(Deir al-Bahri)山谷為長眠地！古埃及人依據大自然日昇日落的定律，衍生出死亡與復活循環不息的信仰，繼而形成日出的東方代表重生、繁衍；日落的西方代表死亡、衰退的觀念。因而膜拜阿蒙神(Amun)的神殿遍及東岸，而富麗堂皇的皇家陵墓則建於西岸，這些都成了路克索今日的觀光資產。

路克索神殿堪稱　埃及神殿建築的最佳範例，
為古埃及首都底　比斯的重要聖地之一。

路克索::路克索神殿

塔門前原立有拉美西斯二世的兩尊坐像及四尊立像，現僅餘位於塔門中央的兩尊坐像和塔門西側的一尊立像。

造訪路克索神殿理由

① 古埃及首都的重要聖地之一

② 太陽神阿蒙的南方聖殿

原本是一對的方尖碑為拉美西斯二世(Ramesses II)所建，而西側的方尖碑如今矗立於巴黎協和廣場上。

不少攝影愛好者，都喜歡在夕陽的時候，到路克索神殿捕捉美麗的日落畫面。

flickr cattan2011

© 彭浩誠

至少預留時間
慢慢欣賞：約1.5~2小時
就是來看日落：0.5~1小時

從火車站步行約10分鐘可達

 路克索神殿
Luxor Temple
MAP P.106 C3

🏛 Corniche an-Nil
🕐 06:00~21:00　💲 全票E£180

路克索神殿堪稱埃及神殿建築的最佳範例，其歷史回溯到哈塞普蘇女王，不過該女王時期的傑作全遭毀損，因此，路克索神殿的建築史「只能」從三千多年前的阿蒙霍特普三世(Amenhotep III)談起，迄今所見的路克索神殿，大半出自阿蒙霍特普三世之手。阿蒙霍特普三世為了擴大慶祝歐佩特慶典，將路克索神殿改建為底比斯三神的「南方聖殿」(South Sanctuary)。

路克索神殿平面圖

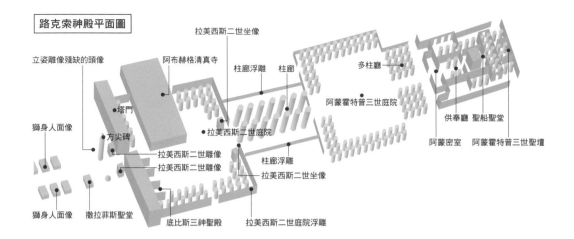

- 立姿雕像殘缺的頭像
- 阿布赫格清真寺
- 拉美西斯二世坐像
- 柱廊浮雕
- 柱廊
- 多柱廳
- 塔門
- 阿蒙霍特普三世庭院
- 獅身人面像
- 方尖碑
- 拉美西斯二世庭院
- 供奉廳
- 聖船聖堂
- 拉美西斯二世雕像
- 阿蒙密室
- 阿蒙霍特普三世聖壇
- 拉美西斯二世雕像
- 柱廊浮雕
- 拉美西斯二世坐像
- 獅身人面像
- 撒拉菲斯聖堂
- 底比斯三神聖殿
- 拉美西斯二世庭院浮雕

Did YOU KnoW

咦？古埃及神殿裡竟然有清真寺？！

隨著城市的發展，路克索神殿從附近擠滿房舍、商店與工作坊，甚至一度成為城市的一部分，於是一座清真寺就在14世紀時大剌剌的興建於神殿中，如今這座代表伊斯蘭教勢力的阿布赫格清真寺(Mosque of Abu al-Haggag)依舊伴隨著路克索神殿，再加上後半部曾經被當成教堂使用的阿蒙密室，形成路克索神殿三種宗教融合的奇特面貌。

©wikimedia Roland Unger

分隔兩地的雙胞胎方尖碑

1831年穆罕默德‧阿里為了感謝法國學者商博良(Jean-François Champollion)破解了羅塞塔石碑，對古埃及研究做出巨大貢獻，所以特地將路克索神殿前的兩座方尖碑其中一座送予法國，而法皇路易菲利浦(Louis-Phillipe)也回贈了一座鐘樓，置於開羅大城堡的穆罕默德‧阿里清真寺。

怎麼玩 路克索神殿才聰明？

「熱心」的在地人主動導覽？

只要是知名旅遊景點，很可能會遇上「熱心」的埃及人想主動導覽，又或者是指引參觀重點、最佳拍照角度等，以服務賺取小費。如果無意付小費或不需要這項服務，請婉言拒絕。

晚上的景色更特別

白天參觀路克索神殿覺得太熱或人太多，不如入夜後再去吧！夜晚的路克索神殿天氣比較涼爽，而且在燈火的映照下更添神秘色彩。

古埃及人深信世間的一切都是由神靈們所創造及管轄,萬能的神祇掌控生命與死亡、豐饒與貧瘠、循序與混亂,為了祈求諸神庇祐,古埃及人廣建神殿,分別敬奉掌管該地區的神祇。

對古埃及人而言,聖潔的神殿並不抽象,它還兼具醫院和學校的功能,攸關民生的大事也在此商討議定,也許正因為如此,古埃及人始終覺得神祇離他們並不遠。

神殿建築

神殿建築形式隨著朝代更迭而有所不同,高大的塔門、堅實的護牆展現宏偉氣勢,神殿周身牆、柱密布繁複的雕刻,法老王奮勇殺敵、敬奉諸神、接受神祇加冕和賜福等場景一再重現,強化法老王與神祇之間的關係。無人能估算得出神殿的建築成本,石材、人工、財力、時間…任何一項耗費絕對都是天文數字。

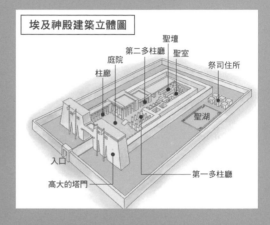

埃及神殿建築立體圖

聖壇
聖室
第二多柱廳
庭院
祭司住所
柱廊
聖湖
入口
第一多柱廳
高大的塔門

神殿管理者

神殿的管理者為祭司,祭司的地位崇高,但每日敬神的例行工作也不少,除了進入聖壇膜拜神祇,每日需兩度為神祇淨身、奉獻食物,並持續薰香、潑灑汲自聖湖的聖水。

歐佩特慶典Opet Festival

古埃及時期,每年尼羅河河水泛濫時,底比斯都會舉行迎神慶典,迎接底比斯三神——太陽神阿蒙‧拉神(Amun-Ra)與妻子姆特(Mut)及兒子孔蘇(Khonsu),埃及人把這3位神祇從卡納克神殿沿尼羅河一路迎往路克索神殿。

舉行方式

圖特摩斯三世(Tuthmosis III)時的「底比斯三神」是由阿蒙神殿循獅身人面大道抵達路克索神殿,停留11日後,搭乘聖船沿尼羅河水路返

回阿蒙神殿。

　　到了阿蒙霍特普(Amenhotep III)時期，祭典行進路線改變，由卡納克阿蒙神殿循水路到達路克索神殿，返程沿獅身人面大道走陸路回卡納克阿蒙神殿。

慶典的目的

　　在慶典期間，民眾供奉牲口獻祭，並歌唱、舞蹈、奏樂以娛樂神祇，法老王則經由神祇的加冕、結合強化統治威權並確立神格地位，神祇與君王雙雙藉由歐佩特慶典獲得重生和權勢。

歐佩特慶典

路克索神殿

獅身人面大道

卡納克姆特神殿

卡納克阿蒙神殿

卡納克曼圖神殿

聖船船隊

必看重點

阿蒙霍特普三世(Amenhotep III)在這裡供奉「底比斯三神」，每年尼羅河氾濫之時，都會舉行迎神慶典。

獅身人面像
Sphinxes

昔日這排陣容浩大的獅身人面像直通卡納克神殿，考古學家推測，綿延長達3公里的它，當初數目可能多達730座，現今雖然只遺留約58座，但仍令人印象深刻。

© 彭浩誠

撒拉菲斯聖堂
Chapel of Seraphis

西元126年，羅馬皇帝哈德良(Hadrian)在自己生日時建造了這座聖堂。

拉美西斯二世庭院浮雕
Reliefs of Great Court of Ramesses II

裝飾於柱廊牆壁上的浮雕，描繪法老王獻神以及民眾準備各項供品參與歐佩特慶典(Feast of Opet)的情景。

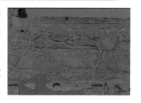

拉美西斯二世雕像
Statues of Ramesses II

這兩尊坐著的法老王頭戴統一上、下埃及的雙王冠，基座側面壁畫浮雕尼羅河神哈比(Hapy)捆綁蓮花及紙莎草的畫面，象徵統一上、下埃及。

© 彭浩誠

立姿雕像殘缺的頭像
Statues of Ramesses II

儘管如今只剩一尊立姿雕像，不過塔門前方還保留了一個立姿雕像殘缺的頭像，可以近距離欣賞法老王的神韻。

阿布赫格清真寺
Mosque of Abu al-Haggag

這座盤據在庭院邊緣的清真寺，興建於14世紀，今日相互擠壓的局面純因不同時期建造而成，既然無法拆除只能彼此包容。

底比斯三神聖殿
Triple-Barque Shrine

這座敬奉阿蒙、姆特、孔蘇三神的小聖殿，原建造於哈塞普蘇女王時期，後經拉美西斯二世重建。

塔門
Pylon

這座塔門高約24公尺、寬約65公尺，浮雕刻著拉美西斯二世的多場英勇戰役，其中包括與西臺人(Hittite)交戰的著名卡德墟(Kadesh)戰役，但刻痕已殘缺模糊。

拉美西斯二世庭院
Great Court of Ramesses II

拉姆西斯二世不僅立了方尖碑、雕像，更擴建了塔門、庭院，並調整建築的軸線，讓庭院得以和卡納克神殿相對，這就是路克索神殿的中軸線並未成一直線的原因。該庭院環繞著雙重柱廊，柱頭裝飾著含苞待放的紙莎草花苞。

拉美西斯二世坐像
Statues of Remesses II

這兩尊拉美西斯二世坐像均以黑色花崗岩雕成，雕像腳邊立著皇后娜菲塔莉(Nefertari)。

柱廊
Colonnade of Amenhotep III

這座美麗的柱廊是阿蒙霍特普三世為一年一度的歐佩特慶典所增建的元素，法老王將它當成後方阿蒙神殿的入口，14根巨大的石柱高達19公尺，柱頭裝飾有紙莎草花盛開的花苞。

阿蒙霍特普三世庭院
Sun Court of Amenhotep III

佔地寬廣的庭院三面環繞著雙重柱廊，柱頭同樣飾有古典的紙莎草束雕飾，少數還殘留原有的色彩。

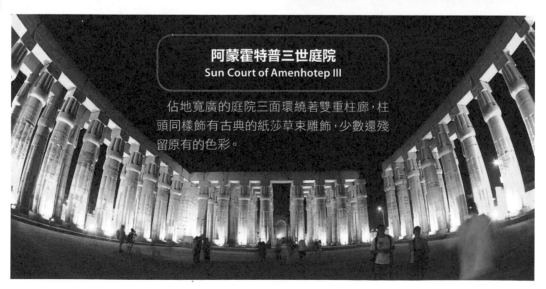

柱廊浮雕
Reliefs of Colonnade of Amenhotep III

　　此處浮雕完成於圖坦卡門統治時期，當時的埃及信仰重回底比斯三神的懷抱。兩側牆上描繪著歐佩拉慶典的熱鬧場景，場面熱切繽紛，堪稱是圖坦卡門留予神殿最精采的獻禮。

多柱廳
Hypostyle Hall

　　由4排各8根立柱構成的多柱廳，是原本歐佩特神殿的第一室，32根立柱形成一道通廊，通往殿後的聖壇。

供奉廳
Antechamber

　　穿過阿蒙密室之後，就是圍繞著柱廊的阿蒙神

阿蒙密室
Chamber of Amun

　　位於多柱廳正後方的阿蒙密室，在西元3世紀的羅馬時期，被一座加蓋的壁龕封擋，這種其他宗教入侵神殿改變原始結構的例子時而可見。阿蒙密室的兩側分別坐落著姆特和孔蘇的神殿。

聖船聖堂
Barque Shrine of Amun

　　阿蒙霍特普三世建造的聖船聖堂，後由亞歷山大大帝改建，因此，這座方形石室四周外牆上，布滿法老王裝束的

亞歷山大敬奉諸神的浮雕，還可以看見以象形文字書寫的亞歷山大大帝王名圈。

阿蒙霍特普三世聖壇
Sanctuary of Amenhotep III

　　曾經是路克索神殿中最神聖的地方，這處位於該神殿最底部的聖壇，如今依稀可見昔日聳立阿蒙神像的基座。

周邊景點

神殿附近的兩家博物館：一家收藏了重量級的底比斯文物，另一家帶你揭開木乃伊的神秘面紗……

路克索博物館貌不驚人，但典藏著底比斯身為國都時期最具代表性的文物。

路克索博物館
Luxor Museum
MAP P.106 C2

如何前往

從火車站或路克索神殿步行前往約15~20分鐘

info

⊙Corniche an-Nil

🕘09:00~14:00、17:00~21:00

⊜全票E£140

　　這座博物館開幕於1975年，展示橫跨古王國末期至伊斯蘭統治的馬穆魯克王朝期間出土於底比斯的文物，包括許多新王國時期的雕塑、陶器、珠寶，其中最吸引人的是石像雕塑，大多來自卡納克神殿。另外，還有部分發現自圖坦卡門之墓的船隻、燭台與兵器。

敬奉鱷魚神索貝克石碑

1967年挖掘斯瓦希里·阿爾蒙特運河時同時還發掘出這塊石碑。上半部浮雕祭司皮亞(Pia)帶著兒子Iy-Hevnef敬奉鱷魚神索貝克，下半部雕著皮亞帶著兒子、母親Iya、妻子Tinet-Nebu敬奉鱷魚神，最底端的六列象形文字為祈禱文。

哈特女神執掌愛與喜悅，也負責引領法老王的靈魂進入冥府。

哈特女神牛頭雕像

精美的牛頭雕像出自圖坦卡門陵墓，為哈特(Hathor)女神的化身。作品的主體為木雕，鑲嵌銅製牛角及天藍石眼睛，上部貼覆金箔，下部及基座則塗抹象徵冥府的黑色樹脂。

阿蒙霍特普三世頭像

這件高達215公分的頭像，是1957年發掘自西岸阿蒙霍特普三世靈殿(今曼儂石像所在地)。圓潤的臉龐、細長的雙眼、豐厚的嘴唇展現了法老王高貴的儀表。

路克索：路克索神殿

阿蒙霍特普三世與鱷魚神索貝克

這件雕像是1967年挖掘斯瓦希里·阿爾蒙特(Sawahil Armant)運河時發現的，戴著阿特夫(Atef)頭冠、人身鱷魚頭的索貝克(Sobek)神賜予法老王生命，年輕的法老王頭戴斑紋法老頭巾，他的帝號寫在背面的石板上。

阿蒙霍特普四世壁畫

原位於卡納克神殿東方的阿蒙霍特普四世神殿已不復存在，後世挖掘出的碎塊超過4萬件，這面壁畫便是利用283塊碎石拼貼而成，畫面展現人民耕作、飼養牲口等日常生活情景。

薩努塞三世頭像

這座以紅色花崗岩雕鑿的薩努塞三世(Senusret III)頭像屬第12王朝的作品，帶著紅白雙王冠的法老王面容嚴肅，執著的雙眼、深刻的皺紋、凹陷的臉頰、緊閉的雙唇，顯現這位法老王剛毅不屈的個性。

阿肯納頓頭像

推翻阿蒙神信仰，掀起宗教革命改尊太陽神阿頓的阿肯納頓，在埃及歷史上留下改革的一頁。這尊高141公分的頭像反映他實事求是的風格，一掃法老王一貫俊美雄壯的形象，還以長臉、瘦頰、斜眼、厚唇的真貌。

阿肯納頓除了掀起宗教改革，也引領了新的藝術風潮。

圖特摩斯三世雕像

法老王頭戴斑紋頭巾、飾以假鬚，左腳向前跨步，手中握著代表威權的象徵物，腰帶中央鑄刻著名字。

雕像臉龐線條柔美，炯炯有神的雙眼和帶著笑意的雙唇，展現法老王保有永恆的青春。

圖特摩斯三世浮雕

這件浮雕展現法老王穿戴王冠及假鬚的模樣,雖屬西元前1490~1436年的作品,色彩依舊鮮麗。

哈布之子雕像

這尊黑色花崗岩雕像頭戴厚重的假髮,盤腿坐在基座上,左手拿著展開的莎草紙卷、右手握著筆。這位哈布之子(Son of Habu),就是阿蒙霍特普三世時期赫赫有名的建築師及皇室顧問。

阿蒙霍特普三世與荷魯斯

法老王頭戴斑紋頭巾和紅白雙王冠、飾假鬚,右手握著彎鉤權杖,鷹神荷魯斯頭戴假髮及雙王冠,左手握著生命之鑰的安卡(CAnkh),相互交臂環抱對方。

這座玄武岩雕像為西元前1405~1367年的作品。

葡萄榨汁機裝飾

這件小巧的雕飾刻著一名裸體男子斜身倚靠枕上,右手拿著酒杯、左手握著一串葡萄的姿態,在四周法老王雕像群的包圍下,顯得相當突出。

阿蒙霍特普三世雕像

這位被哈塞普蘇女王篡奪王位的年輕法老王,頭戴統一上下埃及的紅白雙王冠及假鬚,雙手握著卷形飾物,呈行進姿勢的雙腳穿著涼鞋,年輕的臉龐充滿自信,胸前的項圈和臂環印子顯示曾覆有金箔。

霍朗赫布與阿蒙神

這座同樣是自路克索神殿出土的雕像展現法老王霍朗赫布(Horemhab)站在阿蒙神前,前者頭戴斑紋頭巾、飾假鬚,右手握著彎鉤權杖,阿蒙神則坐在王座上,頭戴雙羽冠,飾尾端微翹的假鬚。

阿蒙神護衛著祂所鍾愛的法老王,並賜與法老王如太陽神般永恆不朽的生命。

無頭眼鏡蛇雕像

眼鏡蛇為古埃及皇室和下埃及的守護神,他常出現在王冠及頭飾的前額部位,代表著法老王的統治威權。這座路克索神殿出土的眼鏡蛇雕像,基座雕刻著法老王塔哈卡(Taharqa)為阿蒙·拉與卡·穆特夫(Amun-Ra Ka-Mutef)神祇所鍾愛。

霍朗赫布與太陽神阿頓

這座閃長岩雕像顯示法老王霍朗赫布跪在太陽神阿頓跟前,雙手敬奉球型器皿,法老王頭戴斑紋頭巾及紅白雙王冠、飾假鬚,穿著纏腰布及涼鞋,阿頓端坐在王位上,頭戴假髮及雙王冠,所飾的假鬚尾端微翹,右手掌心向下,左手握著生命之鑰的安卡。

王座側面浮雕著捆綁蓮花及紙莎草的尼羅河神哈比(Hapy),象徵統一上下埃及。

這尊雕像被譽為「路克索的蒙娜麗莎」。

lunyt女神雕像

這件精美的lunyt女神雕像,是1989年隨阿蒙霍特普三世雕像出土的文物。坐在王座上的女神穿著合身長袍,長及胸前的披肩長髮襯托出姣美的容顏,彎眉、美目配上淺笑的唇,展現新王國完美無暇的雕刻技藝。

木乃伊博物館是埃及少數的現代化博物館，所有的展品都與木乃伊有關。

規模小巧的

木乃伊博物館
Mummification Museum

MAP
P.106
C3

如何前往

從火車站步行前往約15分鐘，或由路克索神殿步行前往約5分鐘

info

🔗 Corniche an-Nil

🕐 09:00~21:00

💲 全票E£100

木乃伊博物館創立於1997年，埃及建築師巴克利(Gamal Bakry)巧妙地運用光線，將位於地下1樓的展覽廳營造成森冷的墓室。博物館中展示的木乃伊以動物 主，包括羊、貓、狒狒等，其中最特別的是鱷魚木乃伊，許多都是上了年紀的鱷魚，看到如此兇猛的動物纏上層層的白布，倒是形成相當有趣的畫面。

鱷魚木乃伊

古時底比斯的尼羅河畔有許多鱷魚(現在要到亞斯文水壩才有鱷魚)，古埃及人把鱷魚當神來崇拜，於是創造了鱷魚神索貝克(Sobek)。

狒狒木乃伊

狒狒是智慧之神的化身，這隻放在小棺木中的狒狒於帝王谷出土。

腦部剖面

由此可觀察到木乃伊的腦部曾以瀝青填充的痕跡

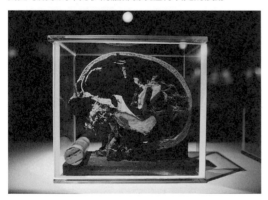

貓木乃伊

貓為女神貝斯特(Bastet)的化身。

聖翅

聖翅象徵著來世與重生，其洞孔的作用在於方便縫在木乃伊的裹屍布上。

羊木乃伊棺木

羊是克奴姆(Khnum)的化身，這座羊木乃伊棺木覆蓋著貼有金箔的面具。

馬薩哈第木乃伊

這尊木乃伊是第21王朝統帥軍隊的將領及祭司馬薩哈第(Maseharti)，其父就是篡奪法老王王位的大祭司皮涅杰姆一世(Pinedjem I)。

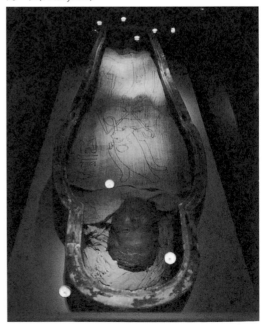

木乃伊製作方式及葬儀

古埃及人製作木乃伊的技術當然並非一蹴可及，而是經過時間的累積才慢慢改進，最早期的處理方式相當粗糙，屍身未經有效的防腐處理，內臟也沒完全清除，因此屍身幾乎都已腐爛無存。直到新王國時期之後，木乃伊的製作方法漸次成熟，同時留存了大量文獻，為後世揭開了木乃伊的神秘面紗。

❶取出內臟

首先用鉤子自鼻腔鉤出腦漿，接著在體側開一切口，取出除心臟以外的內臟。

取出的內臟以椰棗酒、香料清洗，椰棗酒中的乙醇有消毒的作用。接著將內臟浸入泡鹼約40天以脫去水分，然後塗抹一層香精和一層樹脂，最後包裹放入內臟罐中。

屍身送到專門處理木乃伊的工作坊，放置在設有排放屍血溝漕的石台上。

什麼是「泡鹼」？？

泡鹼(natron)是種天然形成類似鹽的物質，富含碳酸鈉、氯化鈉和硫酸鈉，是製作木乃伊的主要材料之一。它的功用除了能迅速滲透屍身吸收水分，防止細菌滋長且腐化，也可以去除屍體內的脂肪。

❷內臟罐

儲存內臟的保存罐稱做「卡諾皮克罐」(Canopic jar)

內臟罐罐蓋最初使用的材質為青石，並無固定造型，直到第18王朝開始採用荷魯斯4個兒子的造型，由這4位神祇護佑死者臟器。

神名	外觀形象	守護的器官	守護的方位	呼應的神祇
Hapy (Hapi) 哈比	猴	肺	北方	Nephthys 奈芙蒂斯
Duamutef 多姆泰夫	狼	胃	東方	Neith 奈特
Amset(Imsety) 艾姆榭特	人	肝	南方	Isis 艾西斯
Qebesenuef (Qebehsenuf) 奎貝塞努夫	鷹	腸	西方	Serket 賽爾科特

❸屍身的脫水處理

屍身同樣須以椰棗酒、香料清洗、消毒，並浸入泡鹼脫水。為了確保在40天內完成乾燥屍體的程序，有時會以浸透芳香樹脂膠的亞麻布包裹屍身，一來可加速吸取屍身組織的水分，二來可使屍體不致產生惡臭。

❹屍身的後續處理

首先用浸泡過樹脂的亞麻布填塞腦腔，並以沒藥、肉桂、浸過樹脂的亞麻布填充胸腔，身側的切口以樹脂漿、蜂蠟密封後，覆蓋一塊薄金片或護身符，嘴、耳、鼻同樣以蜂蠟塗封，凹陷的眼框墊入亞麻布再闔上眼皮，恢復生前形象。

接著為屍身塗上芳香的沒藥、珍貴油膏以及具防腐抗菌特效的雪松油，最後加塗一層融化的樹脂，以阻隔濕氣侵入屍身。

最後以浸過樹脂的亞麻布條緊緊包裹屍身，並依次放入護身符。

❻開口儀式

耗時約70天，木乃伊製作宣告完成後，就為木乃伊佩戴珍貴的珠寶、面具，而後放入彩繪精美的人形棺中舉行葬禮。在棺木置入墓穴之前，祭司會持木製彎鉤杖碰觸木乃伊的嘴部行「開口儀式」，以喚醒死者的意識及身體各部位的功能，讓死者復活重生。

❺護身符

護身符的式樣擷取自象形文字，種類相當多，如荷魯斯之眼(Udjat)、聖甲蟲(Scarab)、節德柱(Djed)、生命之鑰「安卡」(Ankh)…通常放置在木乃伊屍身和裹屍布之間，以保護死者通達冥界。

◎荷魯斯之眼：放在取出內臟的切口處或製作成項圈或手環等飾品，有平安符的作用，為死者擋住厄運。

◎聖甲蟲：放置在心臟位置。因古埃及人深信心臟是思想的所在，而聖甲蟲可防止心臟在死者進行「秤心儀式」時，說出不利於主人的供詞。

◎節德柱：放在脖子。節德柱象徵永恆、穩定，讓死者復活重生。

❼秤心儀式

《死亡之書》(又名《亡靈書》)是死者重生復活、通往來世的「指南」，此書衍生自古王國金字塔文、中王國棺廓文，完整版共192章。

死者的亡靈由阿努比斯(Anubis)帶領進入冥界審問，高踞在天秤上的正義女神瑪特(Maat)將代表真理的羽毛和亡靈的心臟放在天秤的兩端，圖特(Thoth)在一旁紀錄裁決結果。

亡靈一一對42位審判官否認生前可能犯下的罪行，如果所言不實，天秤失去平衡，蹲踞在旁的鱷魚頭怪獸阿穆特(Ammut)會一口吞噬心臟、撕裂亡靈，使亡靈不得重生；如果亡靈通過審判，就被荷魯斯(Horus)帶領到冥神歐西里斯(Osiris)跟前，靜待復活的宣判。

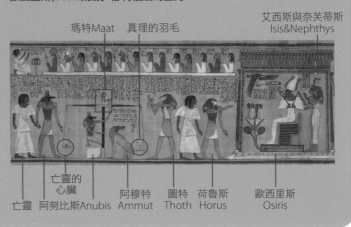

瑪特Maat　真理的羽毛　　艾西斯與奈芙蒂斯 Isis&Nephthys

亡靈　阿努比斯Anubis　亡靈的心臟　阿穆特 Ammut　圖特 Thoth　荷魯斯 Horus　歐西里斯 Osiris

古埃及中王國與新王國時期法老王們的**祭祀地點**，
也是**底比斯最重要的神殿**！

MAP P.106 D2 卡納克神殿
Karnak Temple

卡納克神殿結合了神壇、列柱、塔門、方尖碑等建築元素，在1,500多年中，經過歷代法老的增建與整修，形成一片長約1.5公里、寬800公尺、龐大異常的建築群。不過，如今卡納克神殿只剩下新王國時期興建的部分，佔地約2平方公里，據估計，該面積約可容納10間大教堂，足以窺見其規模之空前絕後。

至少預留時間
慢慢欣賞：約1.5~2小時
就是來看日落：0.5~1小時
神殿夜晚聲光秀：1小時

可從火車站後方搭乘迷你巴士，或在市中心搭乘計程車和馬車前往

🏠Sharia Maabad al-Karnak，位於路克索市區北方約2公里處
🕐5~9月06:00~18:00；10~4月06:00~17:00
💵神殿＋露天博物館E£220

造訪卡納克神殿理由

① 規模最大的露天博物館

② 太陽神阿蒙的南方聖殿

③ 古埃及首都權力中心

卡納克(Karnak)古時稱「Ipet-Sut」，意為「最受人景仰的宮殿」，因為這塊寶地獻給了至高無上的阿蒙神。

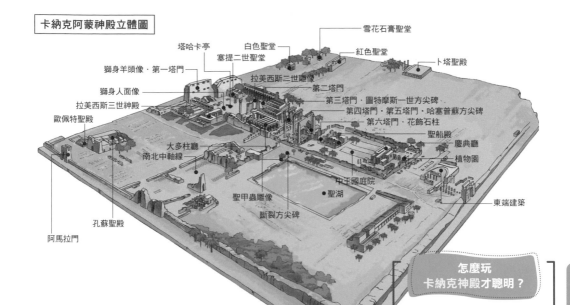

卡納克阿蒙神殿立體圖

雪花石膏聖堂
塔哈卡亭
白色聖堂
紅色聖堂
塞提二世聖堂
卜塔聖殿
獅身羊頭像・第一塔門
拉美西斯三世雕像
獅身人面像
第二塔門
拉美西斯三世神殿
第三塔門・圖特摩斯一世方尖碑
第四塔門・第五塔門・哈塞普蘇方尖碑
歐佩特聖殿
第六塔門・花飾石柱
聖船廳
大多柱廳
慶典廳
南北中軸線
植物園
聖甲蟲雕像
中王國庭院
孔蘇聖殿
聖湖
斷裂方尖碑
東端建築
阿馬拉門

拉美西斯三世

圖坦卡門

每位統治者無不竭盡所能地為這座神殿錦上添花，留下他們虔誠的敬神證據。

**怎麼玩
卡納克神殿才聰明？**

神殿夜晚聲光秀

卡納克神殿每天晚間會上演炫麗的燈光秀，遊客跟著法老王的影子走入神殿，聽著他們的傳奇故事，整座神殿在燈光與音樂的襯托下更為雄偉。燈光秀分別有**20:00及21:00兩個場次**，一場固定以英文呈現，另兩場是中文、阿拉伯文、西班牙文、法文等多種語言輪流呈現。
$全票USD20.39、半票USD8.9
www.soundandlight.show

這時候來不用人擠人

神殿約06:00就可進入參觀，越早前往人潮越少，天氣也沒那麼熱。建議避開**10:00~15:00**這個時段前往，這時候的卡納克神殿外會停滿旅行社的客運大巴！

多達**10座塔門**拱衛著**20多座殿堂**，
無論停留多久，總讓人覺得只是走馬看花。

阿蒙神殿區

獅身羊頭像
Ram-Headed Sphinxes

神殿現今的入口大道由拉美西斯二世舖建，可通達與尼羅河相通的泊船小池，第一塔門後的露天庭院內，還殘留著原安置在大道上的多座獅身羊面像。

獅身羊頭像在獅掌中央還立著法老王雕像。

拉美西斯三世神殿
Temple of Ramesses III

同樣在大廣場上、位於塞提二世聖堂斜對角的拉美西斯三世神殿保存完善，走入前庭可見法老王仿冥神歐西里斯(Osiris)的立像，壁上雕刻著慶典情景，庭院後方為小型多柱廳和聖壇，整體建築宛若尼羅河西岸的拉美西斯三世靈殿(Medinet Habu)的縮小版。

低矮的塔門前立有兩尊拉美西斯三世雕像。

第一塔門
First Pylon

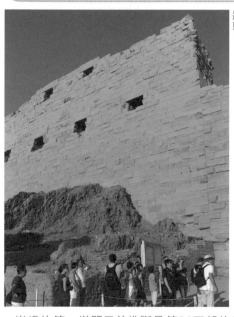

塔門未經雕飾的粗糙外表及高低不一的外型，顯示處於未完工的狀態。

巍峨的第一塔門目前推斷是第30王朝的內克塔內布一世(Nectanebo II)所建，塔門後方還可看見一道泥磚搭建的斜坡，可知昔日城門利用滾軸和繩子拖曳石塊搭建而成。站在塔門前，循著筆直的中軸線及微微升高的路面往內望，可遠眺位於最裡端的聖船殿。

塞提二世聖堂
Temple of Seti II

第一塔門後方的大廣場(Great Court)是卡納克神殿區中最大的廣場，位於左手邊的塞提二世聖堂以砂岩及花崗岩建成，昔日是歐佩拉慶典時安放底比斯三神聖船的地方。

獅身人面像
Sphinx

拉美西斯三世神殿前方有一座小巧的獅身人面像，推斷是仿自圖坦卡門面容。

拉美西斯二世雕像
Statues of Ramesses II

第二塔門前立有兩尊拉美西斯二世雕像，一呈行走狀、一呈立定狀，據說立於法老王雙腳間的小型雕像身分為他最愛的皇后娜菲塔莉(Nefertari)。

塔哈卡亭
Kiosk of Taharka

坐落在塞提二世聖堂和拉美西斯三世神殿之間的建築遺址，原是一座立有10根石柱、裝飾紙莎草柱頭的露天亭閣，現僅存1根高21公尺的立柱。

塔哈卡亭據推測應是為阿蒙神和太陽神結合舉行儀式的地方。

第二塔門
Second Pylon

始建於霍朗赫布(Horemhab)，但直至拉美西斯二世才竣工，這也是為什麼塔門前方裝飾著拉美西斯二世雕像的原因。

該建築後來曾遭阿肯納頓部分拆毀。

©彭浩誠

大多柱廳
Great Hypostyle Hall

整座神殿的精華就是大多柱廳，面積廣達5,000平方公尺。從部分柱子殘存的顏色看來，昔日應該都描繪著繽紛的色彩。此大廳據説由拉美西斯一世構思，完成於塞提一世和拉美西斯二世之手，位於左側的浮雕出自塞提一世任內，不過保存狀態不及右側落成於拉美西斯二世時期的浮雕完善。

由134根巨柱形成的柱林，象徵著古埃及尼羅河畔常見的紙沙草沼澤，朝外舒張的柱頭重現盛開的紙莎草花。

第三塔門·
圖特摩斯一世方尖碑
Third Pylon · Obelisk of
Tuthmosis I

第三塔門為阿蒙霍特普三世(Amenhotep III)所建，後來曾遭拆除作為興建露天博物館的建材。緊依第三塔門的方尖碑原有4座，分別為圖特摩斯一世及三世所建，現僅餘一座轟立在原處。

這些巨柱須6、7人張開雙臂才能環抱，裝飾其上的法老王名圈。

浮雕主題不外乎法老王英勇的戰爭場景，或皇室膜拜神祇以及流傳的神話故事。

這座圖特摩斯一世方尖碑高22公尺、重達百噸以上。

Did YOU KnoW

流落異鄉的方尖碑

古埃及雕鑿了數百座方尖碑，但僅留極少數於埃及，數十座華美的方尖碑被視為戰利品運往各國，下表為目前矗立於埃及和其他國家的十大方尖碑。

矗立地點	高度	建造的法老王
義大利羅馬拉特拉諾的聖喬凡尼廣場(Piazza San Giovanni in Laterano, Italy)	32.18公尺	圖特摩斯三世
埃及路克索卡納克神殿(Temple of Karnak in Luxor, Egypt)	29.56公尺	哈塞普蘇女王
土耳其伊斯坦堡 (Istanbul, Turkey)	28.95公尺	圖特摩斯三世
義大利梵諦岡聖彼得廣場 (Piazza di San Pietro, Vaticano)	25.37公尺	尚待考證
土耳其伊斯坦堡(Istanbul, Turkey)	28.95公尺	圖特摩斯三世
梵諦岡聖彼得廣場 (Piazza di San Pietro, Vaticano)	25.37公尺	尚待考證
埃及路克索神殿(Temple of Luxor in Luxor, Egypt)	25公尺	拉美西斯二世
義大利羅馬波波洛廣場 (Piazza del Popolo in Rome, Italy)	23.2公尺	塞提一世－拉美西斯二世
法國巴黎協和廣場(Place de Concord in Paris, France)	22.55公尺	拉美西斯二世
義大利羅馬蒙特奇托利歐廣場 (Piazza Montecitorio in Rome, Italy)	21.79公尺	薩美提克二世
美國紐約中央公園(Central Park in New York, USA)	21.21公尺	圖特摩斯三世
英國倫敦泰晤士河畔Embankment地鐵站北方(London, Great Britain)	20.88公尺	圖特摩斯三世

方尖碑東面及西面的銘文特別獻給她的父親阿蒙神，藉此強調她繼位的合法性。

另一座哈塞普蘇女王下令建造、而後斷裂的方尖碑安置於聖湖旁。

第四塔門・第五塔門
哈塞普蘇方尖碑
Fourth Pylon・Fifth Pylon・Obelisk of Hatshepsut

　　第四塔門及第五塔門都是由圖特摩斯一世所建，原本哈塞普蘇女王(Hatshepsut)在此立有兩座方尖碑，現僅存一座。埃及的方尖碑都是以整塊花崗雕成，當時哈塞普蘇女王下令亞斯文採石場，在7個月內造出兩座貼上金銀合金的方尖碑，獻給卡納克的阿蒙神殿，顯示古埃及嚴密的組織結構及精湛工藝。

131

第六塔門
Sixth Pylon

第六塔門由圖特摩斯三世所建，牆壁上還留有標榜戰績的浮雕，足見後世稱圖特摩斯三世為首位帝國主義者並非沒有原因。立於塔門後的花崗岩石柱，分別飾有代表上下埃及的蓮花及紙莎草的柱頭。

中王國中庭
Middle Kingdom Court

據推斷，中央庭院是卡納克阿蒙神殿最早的興建地，但原來的建築早已蕩然無存，僅留存少許石塊鋪陳在碎石地上。

菲力普‧阿瑞戴烏斯聖殿
Sanctuary of Philip Arrhidaeus

這座小型殿堂為亞歷山大大帝的弟弟菲力普‧阿瑞戴烏斯所建，殿內還留有安置阿蒙神聖船的基座，牆壁上裝飾著敬奉阿蒙神的浮雕。站在殿內往外望去，目光循著緩緩下降的中軸線路面可以遠眺多柱廳。

慶典廳
Great Festival Hall

中庭後方的慶典廳是圖特摩斯三世為自己打造的，西北角的入口處聳立著法老王穿著慶典服飾的雕像，廳內的立柱仿造帳篷支柱，展現這位法老王長年征戰以軍帳為家的歷練。

東端建築
Eastern Temple

神殿最東端的建築包括聆聽殿(Temple of Hearing Ear)和拉美西斯二世壁龕等，上述兩者都已傾圮。此處原立有埃及最大的方尖碑，據傳於西元前330年左右移往羅馬。

立於羅馬拉特拉諾聖喬凡尼廣場(Piazza San Giovanni in Laterano)的方尖碑，可能原立於卡納克神殿。

植物園
Botanical Garden

在這座植物園中，多幅殘留壁畫展示圖特摩斯三世連年長征在異域所見過的奇異動植物。

讓你心想事成的聖甲蟲？

象徵「重生」的聖甲蟲常見於古埃及的雕刻中，據說只要繞著聖甲蟲雕像走就可以實現願望！至於走幾圈、可以實現什麼願望則各有說法：有3圈帶來好運、7圈帶來姻緣及9圈可以求子，也有3圈帶來財富、6圈帶來健康以及9圈帶來愛情…雖然這樣的說法沒有根據，但也頗為有趣，所以雕像旁隨時都圍繞著正在數圈的各國遊客，靈不靈驗自己試試看就知道了！

聖甲蟲雕像
Giant Scarab

俗稱糞金龜或蜣螂，牠以後腿推滾泥土或糞便的模樣，讓古埃及人聯想到運行中的太陽，因而成了太陽神的化身，象徵經過夜間旅程後，在破曉時分重生的太陽神形象——赫普里(Khepri)。

聖湖
Sacred Lake

面積廣達9,250平方公尺、容量達26,000立方公尺的聖湖，根據考古學家希羅多德(Herodotus)的記載，阿蒙神的祭司們每天早晚兩次都會在這座湖中為準備宗教儀式而淨身。

阿馬拉門
Bab el Amara Gate

嵌入外圍高牆的阿馬拉門為孔蘇聖殿的塔門，又名托勒密三世塔門。塔門外原有雙排獅身羊面雕像通往姆特神殿區域，現今雕像已毀，塔門也已封閉禁止通行。

孔蘇聖殿
Temple of Khonsu

坐落在神殿西南角的孔蘇聖殿，是拉美西斯三世、四世為敬奉阿蒙神之子孔蘇所建，其後的法老王曾不斷整建，雖然佔地不大，但形制完整，多柱廳、通廊、安置聖船的聖壇規矩排列。

卜塔聖殿
Temple of Ptah

　　卜塔聖殿遠在阿蒙神殿北端外牆處，由圖特摩斯三世興建，入口分列5道石門，兩側石壁分別浮雕著頭戴白冠及紅冠的法老王，象徵為進入者行滌淨禮。殿內分3間小室，兩間敬奉卜塔，另外一間敬奉哈特女神。

歐佩特聖殿
Temple of Opet

　　緊鄰孔蘇聖殿的歐佩特聖殿是由托勒密八世興建，敬奉著保護孩童的河馬女神。聖殿外觀已呈傾圮，西向的出入大門也不甚明顯，但殿內的浮雕保存良好，遺憾的是此殿封閉謝絕參觀。

露天博物館區

白色聖堂
White Chapel of Senwosert I

　　這座聖堂為薩努塞一世為敬奉男性生殖之神敏神(Min)所興建，密布的淺浮雕堪稱中王國時期的最佳代表作。

雪花石膏聖堂
Alabaster Chapel of Amenhotep I

　　這是阿蒙霍特普一世為敬奉阿蒙神而建的聖堂，造型簡單典雅。

紅色聖堂
Red Chapel of Hatshepsut

　　外觀炫麗的紅色聖堂為哈塞普蘇女王時期的建築，採用3百多塊紅色石英岩及閃長岩，學者們推測這座建築應用來安置阿蒙神的聖船，最初位置為阿蒙神殿內聖船殿所在處，後遭拆除，直至2000年由考古學家重新組建。

法老王從古王國時期興建金字塔的慣例，到新王國時期變更為在山谷間尋覓隱密葬區，這些聚葬場就是後世發掘出的帝王谷。

王牌景點 ❸

造訪帝王谷理由

① 古埃及法老王與貴族的長眠之處

② 雄踞山谷間的建築群

③ 1979年被列為世界文化遺產

圖坦卡門之墓內，阿伊法老王為圖坦卡門執行開口儀式的壁畫。

法老王命人將墳墓鑿進山谷之中，希望這類較為隱密的墳墓能夠逃過挖墓者的侵擾。

拉美西斯六世之墓的壁畫保存良好。

路克索：帝王谷

MAP P.106 B1

帝王谷
Valley of the Kings

　　帝王谷中的墓主多屬於18~20王朝的法老王及權貴，首位安葬此地的法老王應是圖特摩斯一世(Tuthmosis I)。帝王谷目前發掘出的60幾座陵墓中，只有10多座陵墓輪流開放參觀。每座陵墓的石壁上都繪製了鮮豔的壁畫，畫匠除了利用天然顏料繪製，最後還會塗上蜂蜜讓顏色固定。壁畫主題不外乎節錄自《死亡之書》的內容或古埃及眾神的畫像，如圖特摩斯三世之墓(KV34) 節錄了自「死亡之書」第125章節的死亡審判、拉美西斯六世之墓(KV9)天花板繪有天空之神努特(Nut)的壁畫。

帝王谷

※僅標示大多數已知墓穴

N

KV1 Ramesses VII
KV3 Son of Ramesses III
KV46 Yuya and Tiuyu
KV2 Ramesses IV
KV4 Ramesses XI
KV20 Thutmose I and Hatshepsut
KV7 Ramesses II
KV5 Sons of Ramesses II
KV6 Ramesses IX
KV8 Merenptah
KV55 Amarna cache
KV19 Mentuher-khepshef
KV62 Tutankhamun(圖坦卡門)
KV9 Ramesses V & Ramesses VI (拉美西斯五世及六世)
KV4 Tutankhamun Cache
KV17 Seti I(塞提一世)
KV18 Ramesses X
KV57 Horemheb
KV16 Ramesses I(拉美西斯一世)
KV10 Amenmesse
KV43 Thutmose IV
KV35 Amenhotep II (阿蒙霍特普二世)
KV11 Ramesses III(拉美西斯三世)
KV36 Maiherpri
KV13 Bay
KV47 Siptah
KV14 Tawrorer / Setnakhte
KV8 Thutmose I (圖特摩斯一世)
KV15 Seti II
KV42 Hatshepsut-Meryetre
KV32 Tia
KV34 Thutmose III(圖特摩斯三世)

至少預留時間

只看帝王谷：1.5~2.5小時
順便看附近的靈殿：3~4小時

◎由東岸到西岸最便宜的交通方式，是在靠近路克索神殿的碼頭搭乘當地渡輪，每人每趟E£10，攜帶單車另酌收費用，營運時間為06:00~16:00。或是可從東岸搭乘計程車前往，或包一輛計程車進行一日之旅，一天費用視時間長短和地點而異，約E£300~400上下。
◎抵達西岸碼頭後，可選擇步行、騎單車、搭計程車等諸多方式遊覽。
◎參團旅遊是最便捷舒適的遊覽方式，東岸各旅館、飯店都辦有遊覽西岸的行程，不妨多詢問和比較。

◎夏季06:00~17:00；冬季06:00~16:00
單位：埃鎊E£

任選3座墓	260
以下陵墓須另外付費： 圖坦卡門之墓(KV62) Tomb of Tutankhamun	300
拉美西斯五世及六世之墓(KV9) Tomb of Ramesses V & VI	100
塞提一世之墓(KV17) Tomb of Seti I	1,000
Ay之墓(WV23) Tomb of Ay	60
攝影票(只能拍攝3座墓，工作人員會剪票)	300
卡特故居 Howard Carter House	80

❶帝王谷外設有停車場及售票處，停車場至谷內景點需以小型觀光列車接駁，觀光列車費用每人E£12

怎麼玩帝王谷才聰明？

買票去哪裡買

©flickr Dennis Jarvis

有關開放時間及票價最新詳情可洽**古蹟稽查票務辦公室**(Antiquities Inspectorate Ticket Office)，位於距離渡輪碼頭口3公里處的主要道路上。除了門票，攝影票及觀光列車也需在這裡購買。由於開放的時間早，在炎熱的夏季前往遊覽時，建議盡早抵達參觀。

玩帝王谷這樣穿

無論是夏季或冬季遊覽西岸，切記要備足礦泉水、遮陽帽、防曬乳液、棉質長袖襯衫及一雙不磨腳的便鞋。地上碎石很多，最好不要穿涼鞋。

路克索：帝王谷

讓圖坦卡門聞名世界的大功臣

霍華‧卡特(Howard Carter)從小就對考古充滿興趣，16~17歲獲得了在埃及古蹟考古現場中素描的工作，也曾在多位當時著名的考古學者手下擔任助理。由於工作態度嚴謹，使得卡特在25歲時就擔任埃及南部努比亞地區的考古局監察官，後來在美國金主Theodore Davis的資助下，他發現了帝王谷中的圖特摩斯四世陵墓、找到了哈塞普蘇女王的陪葬品等等，不過這些都比不過他在1922年發現的圖坦卡門陵墓來得出名。

帝王谷附近的山丘上還可見這位考古學家的故居，現在已改為博物館開放參觀。

Did YOU KnoW

法老王們的陵墓蓋在尼羅河西岸是有原因的！

尼羅河西岸是太陽西下之處，故被視為「亡者之地」，古埃及人除了在此興建法老王的陵墓，還有皇后、王子與貴族的墳墓區，以及法老王的祭祀神殿，如此一來，即使法老王深藏於山谷間的秘密墳墓中，祭司依然為了永恆的王，日夜向天神祈禱。也有學者指出這些高峰山勢與金字塔相仿，因而被帝王、權貴選為託付來世的寶地。

阿伊之墓的壁畫獨樹一格，以模仿紙莎草書寫的方式，用單一線條繪出古希臘眾神。
©wikimedia Hajor

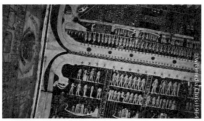
©Wikimedia Christi1964

©Wikimedia Hajor

拉美西斯六世之墓中天空之神努特的精美壁畫，太陽每晚被努特吃進肚子，清晨再重生。

圖特摩斯三世之墓有一道密布浮雕的長廊通往底層的主墓室，引領死者度過人生最後階段。

關於攝影的二三事，別説小編沒提醒你！

◎慎選要拍照的陵墓

除了塞提一世之墓和圖坦卡門之墓禁止拍照，其他的陵墓只要購買E£300的攝影票，都可以拍照。但這張攝影票只能拍3個陵墓，且會有工作人員在入口處剪票！如果你已經拍了3個陵墓，第4個參觀的陵墓即使是另外付費的拉美西斯五世及六世之墓也不能拍照，所以慎選想要拍照的地方喔！

◎把攝影票收好在可隨手出示的地方

只要你拿著相機在帝王谷到處走動，就會不時被工作人員攔截要求出示攝影票，所以一定要收好！

◎就是不想花錢買攝影票，怎麼辦？

沒有購買攝影票的話，會被工作人員要求將相機寄放在指定寄存處。若不想冒著相機被偷的風險，那就乖乖地把相機放在包包裡收好！另外被發現偷拍照的話，可能會被要求刪除照片或支付一筆「封口小費」喔！

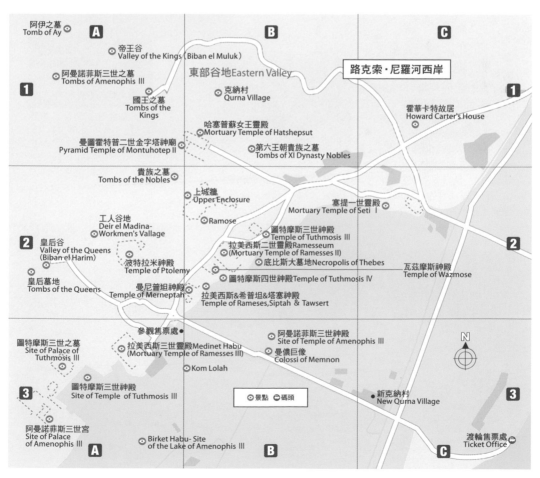

路克索・尼羅河西岸

阿伊之墓
Tomb of Ay

帝王谷
Valley of the Kings（Biban el Muluk）

東部谷地Eastern Valley

阿曼諾菲斯三世之墓
Tombs of Amenophis III

克納村
Qurna Village

國王之墓
Tombs of the Kings

霍華卡特故居
Howard Carter's House

哈塞普蘇女王靈殿
Mortuary Temple of Hatshepsut

曼圖霍特普二世金字塔神廟
Pyramid Temple of Montuhotep II

第六王朝貴族之墓
Tombs of XI Dynasty Nobles

貴族之墓
Tombs of the Nobles

上城牆
Upper Enclosure

塞提一世靈殿
Mortuary Temple of Seti I

工人谷地
Deir el Madina-Workmen's Vallage

Ramose

圖特摩斯三世神殿
Temple of Tuthmosis III

皇后谷
Valley of the Queens
(Biban el Harim)

波特拉米神殿
Temple of Ptolemy

拉美西斯二世靈殿Ramesseum
(Mortuary Temple of Ramesses II)

底比斯大墓地Necropolis of Thebes

瓦茲摩斯神殿
Temple of Wazmose

皇后墓地
Tombs of the Queens

曼尼普坦神殿
Temple of Merneptah

圖特摩斯四世神殿Temple of Tuthmosis IV

拉美西斯&希普坦&塔塞神殿
Temple of Rameses,Siptah & Tawsert

參觀售票處

阿曼諾菲斯三世神殿
Site of Temple of Amenophis III

圖特摩斯三世之墓
Site of Palace of Tuthmosis III

拉美西斯三世靈殿Medinet Habu
(Mortuary Temple of Ramesses III)

曼儂巨像
Colossi of Memnon

圖特摩斯三世神殿
Site of Temple of Tuthmosis III

Kom Lolah

新克納村
New Qurna Village

阿曼諾菲斯三世宮
Site of Palace of Amenophis III

Birket Habu- Site of the Lake of Amenophis III

景點　碼頭

渡輪售票處
Ticket Office

周邊景點

尼羅河西岸不只有帝王谷，還有雄偉的**哈塞普蘇女王靈殿**、「萬王之王」**拉美西斯二世的靈殿**、新王國時期最具代表性的建築群**拉美西斯三世靈殿**……

 MAP P.138 B1

哈塞普蘇女王靈殿
Mortuary Temple of Hatshepsut

如何前往

從渡輪碼頭搭乘計程車或騎腳踏車前往

info

🕐06:00~17:00

💲全票E£160

❗哈塞普蘇女王神殿外設有停車場及售票處，停車場至谷內景點需以小型觀光列車接駁，每人E£12

這座為哈塞普蘇女王打造的靈殿，坐落在危崖環伺的谷地中，兩道長闊的斜坡將三座平廣的柱廊建築串聯起來，整體造型簡單明快，卻顯露了不可一世的魄力。

最值得欣賞的是裡面的壁畫，描繪了哈塞普蘇的重要事蹟。

自立為王的哈塞普蘇女王

哈塞普蘇女王也被稱為「埃及的武則天」，她嫁給哥哥圖特摩斯二世(Tuthmosis II)為妻，但並未生育皇子，因此輔佐了庶子繼承皇位。後來不甘只為皇后的哈塞普蘇展露野心奪取王位，自立為法老王。哈塞普蘇逝世後，繼位的圖特摩斯三世憤恨地毀去哈塞普蘇的雕像、浮雕及名字，徹底抹滅她所留下的痕跡，直到19世紀時才在考古學家的幫助下，重新喚起世人對她的記憶。

為了樹立權威，哈塞普蘇以男裝示人，憑藉著驚人的意志力及侍臣的忠心建立起專屬的政權。

©flickr_Kev인dSydney

這是繼印何闐(Imhotep)之後又一位天縱英才的建築師塞奈姆特(Senenmut)所創造的傑作。

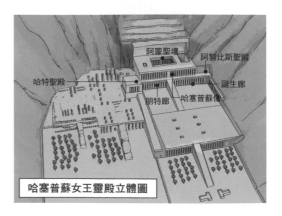

阿蒙聖壇

阿努比斯聖殿

哈特聖殿

誕生廊

明特廊

哈塞普蘇像

哈塞普蘇女王靈殿立體圖

路克索：帝王谷

139

朋特廊
Punt Colonnade

在第二層左側廊柱的左牆上，留有哈塞普蘇女王遠赴朋特的經歷，畫面自左而右描述阿蒙‧拉神(Amun-Ra)交付遠征任務、埃及艦隊自海岸出發、朋特國王及肥胖的皇后出面迎接、兩國交換禮品等場景。

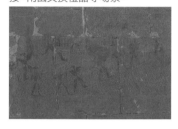

誕生廊
Birth Colonnade

位於第二層右側的誕生廊浮雕著諸神關照哈塞普蘇女王的誕生，繁複的浮雕一再強而有力的宣告哈塞普蘇女王為神祇的化身，以證實她繼承王位的合法性。

哈塞普蘇像
Statue of Hatshepsut

第三層柱廊外側立著哈塞普蘇女王仿冥神歐西里斯(Osiris)姿勢的雕像，戴著假鬍的她刻意展現男性特質。

Did YOU KnoW

塞奈姆特是哈塞普蘇女王的地下情人？！

建造哈塞普蘇女王靈殿的塞奈姆特不僅是建築師，同時也是阿蒙神的大祭司及女王獨生女Neferure公主的教師，深受哈塞普蘇信任。考古界盛傳他與女王關係匪淺，甚至是女王青梅竹馬的情人。他為自己建造的陵墓也選址在女王靈殿旁，據說墓裡有一條極長的秘密通道直達帝王谷的女王墓室附近，更加深了考古學家對於這段緋聞的揣測。

塞奈姆特相關的出土文物有大部分都是座他手抱著幼小的Neferure的雕像。

©flickr Angel M. Felicísimo

哈特聖殿
Hathol Chapel

數十根方柱及圓柱構成的柱林，柱頭上雕飾著哈特女神的頭像，哈特聖殿十分壯觀。旁側牆上雕刻著大批駕船及行軍的兵士向哈特女神致敬，以及以牛造型出現的哈特女神舔舐哈塞普蘇女王手等浮雕。

阿蒙聖壇
Sanctuary of Amun

穿越柱廊即通達一處多柱庭院，左側有敬奉法老王的聖室，右側為敬奉太陽神的聖室，位於中央底端緊依崖壁的就是崇高的阿蒙聖壇。

阿努比斯聖殿
Anubis Chapel

哈塞普蘇女王的相關浮雕已遭圖特摩斯三世銷毀，現今只見圖特摩斯三世敬奉阿努比斯神(Anubis)、拉‧赫拉克提神(Ra-Horakhty)等場景。

©flickr 公共領域

聖殿保存情形算良好，壁畫依稀可見原來的色彩。

相較位於卡納克神殿和阿布辛貝神殿中的拉美西斯二世神殿，這裡許多部份已成廢墟。

 MAP P.138 B2 拉美西斯二世靈殿
Ramesseum (Mortuary Temple of Ramesses II)

如何前往

從渡輪碼頭搭乘計程車或騎腳踏車前往

info

◉06:00~17:00

⊜全票E£80

這座拉美西斯二世口中的「百萬年神殿」(Temple of Millions of Years)，2座巍峨的塔門、立有48根石柱的多柱廳、2處寬廣的庭院、3間聖堂，建構成一處足以頌揚這位「萬王之王」不朽功勳的殿堂。解密象形文字的商博良是第一個辨認出這座古蹟牆壁上王名的學者，他在1829年時來到這處遺址，並賦予它今日的名稱「Ramesseum」。雖然這處永恆之殿不敵現實的折磨而傾圮，但遊走其間，仍能感覺昔日規模的龐大。

第一塔門
First Pylon

毀於地震的第一塔門孤立在矮樹叢中，入口的石門現以混凝土補強支撐。

拉美西斯二世靈殿立體圖

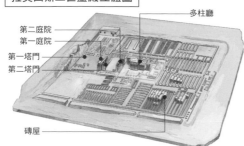

多柱廳

第二庭院
第一庭院
第一塔門
第二塔門

磚屋

第一庭院
First Court

兩旁原有的柱廊現已蕩然無存，原立於第二塔門前的拉美西斯二世巨像也已倒塌。由殘塊推斷，這座雕像高約18公尺、重達1,000噸，激發了英國詩人雪萊寫出《Ozymandias》的靈感。

©flickr Christopher Michell

第二塔門
Second Pylon

塔門後壁浮雕描繪發生於西元前1275年的卡德墟(Kadesh)戰役，拉美西斯二世率軍猛攻西臺人(Hittite)，殺得敵軍屍橫遍野。這場戰役的浮雕同樣出現於拉美西斯二世所建的大阿布辛貝神殿中。

第二庭院
Second Court

殘存的拉美西斯二世雕像雙手交握於胸前，分別握執著連枷權杖及彎鉤權杖，模仿冥神歐西里斯(Osiris)的姿勢，代表法老王永生不朽。

多柱廳
Great Hypostyle Hall

外牆浮雕拉美西斯二世接受神祇賜予生命、拉美西斯二世單膝跪在底斯三神之前、圖特神(Thoth)將拉美西斯二世名字寫在聖樹葉上等場景，廳內原立有48根石柱，現存29根。

磚屋

神殿兩側以及後方殘存的磚造窯洞，曾作為儲藏室、工作室及工人住所，當年的數量是現存的三倍之多。

拉美西斯三世靈殿
Medinet Habu (Mortuary Temple of Ramesses III)

如何前往

可從渡輪碼頭搭乘計程車或騎腳踏車前往

info

◉06:00~17:00

⑤全票E£100

在這座超大型的建築群裡包含了神殿、皇宮、儲藏室、行政辦公處、祭司的住所等，不過其中最精采的，要屬中庭石壁上的戰爭浮雕，具有宣揚國威的功用，特別是在埃及對抗利比亞的勝利之戰中，可以看見拉美西斯三世在戰場上戰無不勝、攻無不克的英勇姿態；另一項精采之處，則是石柱上諸神形象的雕刻。

拉美西斯三世靈殿立體圖

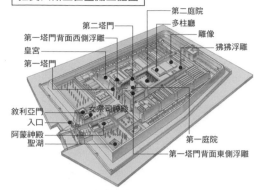

第二庭院
多柱廳
雕像
狒狒浮雕
第二塔門
第一塔門背面西側浮雕
皇宮
第一塔門
敘利亞門
入口
阿蒙神殿
聖湖
女祭司神殿
第一庭院
第一塔門背面東側浮雕

和圖特神(Thoth)的殘破雕像立於殿後。拉美西斯三世

路克索：帝王谷

拉美西斯三世打造的靈殿，堪稱是新王國時期最具代表性的建築群之一。

古時，神殿的入口前端建有碼頭銜接運河及尼羅河。

敘利亞門
Syrian Gate/ Migdol Gate

拉美西斯三世曾對敘利亞的一座城堡留下深刻印象，因此他為自己的靈殿建造了同樣高傲的門面。這座樓高兩層的建築物既具有防禦功能，也是法老王與妻妾休憩的娛樂場所。

聖湖
Sacred Lake

這座聖湖除了供日常敬奉使用外，膝下無子的婦女會在夜間前來聖湖沐浴，祈求艾西斯(Isis)讓她受孕。

女祭司神殿
Tombs of Divine Adoratrice Amun

通過敘利亞門後，左側有座第25~26王朝所建的神殿，神殿的作用有多種說法，一般咸信是屬於供奉阿蒙神的女祭司神殿。

©wikimedia 公共領域

阿蒙神殿
Temple of Amun

位於右側的阿蒙神殿始建於第18王朝，主要建造者為哈塞普蘇女王，但她的名字已被繼位的圖特摩斯三世毀去，最外側的塔門則是托勒密王朝時期所建。

第一塔門
First Pylon

外牆浮雕著拉美西斯三世對抗努比亞人(西側)及敘利亞人(東側)的場景，事實上，拉美西斯三世從未與此兩族交戰，主要是仿拉美西斯二世靈殿的形式而雕。

雖然上層的泥磚建築已被損毀，但塔門氣勢依然驚人。

塔門西牆背面浮雕著拉美西斯三世率領著千軍萬馬與利比亞人交戰的景況。

塔門東牆記載拉美西斯三世軍隊計算砍下的敵軍斷手及生殖器數目。

第一庭院
First Court

東側浮雕毀於基督徒之手，西側圓柱渾厚堅實，牆面並闢有觀景窗供法老王出席觀禮。

皇宮
Pharaoh's Palace

皇宮已傾圮，東南角的高牆上留有拉美西斯三世在沙漠捕獵羚羊、在沼澤刺殺野牛的情景。

第二塔門
Second Pylon

注意塔門外牆留有拉美西斯三世大戰海上部族的浮雕，這些海上部族主要來自愛琴海、地中海區域，均被他英勇擊退。

第二庭院
Second Court

基督徒曾佔據此處，因而兩側雕像都遭毀壞。注意西側牆面上雕刻了38行象形文字，記述拉美西斯三世奮勇擊敗利比亞人及海上部族的功績。

牆面上另一端又見拉美西斯三世軍隊計算敵軍斷手的浮雕，實在太令人觸目驚心。

©wikimedia

多柱廳
Great Hypostyle Hall

已呈露天，殘留的立柱還保有原來的色彩，兩側牆上浮雕著拉美西斯三世接受底比斯三神的賜福。

狒狒浮雕
Reliefs of Baboon

在古埃及信仰中，狒狒與太陽神有關，在此浮雕中，狒狒們與拉美西斯三世一起膜拜神祇。

MAP
P.138
B3

曼儂巨像
Colossi of Memnon

如何前往

可從渡輪碼頭搭乘計程車或騎腳踏車前往

這兩座矗立在路邊的傾圮石像是阿蒙霍特普三世(Amenhotep III)神殿的遺址。

阿蒙霍特普三世神殿傳說是以「金石築牆，銀磚鋪地」，規模直追東岸的卡納克神殿，但因神殿坐落在離河岸不遠的平原上，終究難敵河水氾濫的侵襲，遭受毀滅的命運。神殿內發掘出的雕像和石碑，現今分藏於開羅的埃及博物館和英國的大英博物館中。

基座側面裝飾著尼羅河神哈比（Hapy）捆綁蓮花及紙莎草的浮雕，象徵著統一上、下埃及。

腳邊左、右各立阿蒙霍特普三世的母親穆坦葳雅(Mutemwiya)和皇后泰伊(Tiy)的雕像。

👉 **有此一説～**

會説話的雕像？
西元前27年發生的大地震使北側的石像攔腰斷裂，自此每日清晨總能聽到石像發出奇異的聲音，希臘人認為這是在特洛伊戰爭(Trojan War)中陣亡的曼儂呼喚母親「黎明女神」Eox的聲音。事實上這神秘的聲響應是黎明的暖風穿越石像裂縫所產生的。

路克索：帝王谷

尼羅河谷地神殿群

隨著古王國時期的結束，上、下埃及逐步走向統一，古埃及的政治核心因而南移至上埃及的底比斯。於是，底比斯搖身一變成了全國性的大都會，這個集政治、經濟、宗教於一身的首善之區，極盛時期人口高達百萬，各種建築與文化欣欣向榮。因此，新王國時期的法老王陵墓全都位於路克索的西岸，而以路克索為核心的尼羅河谷地，更烙印著新王國時期的輝煌史蹟。

尼羅河谷地

- Akhmin
- 亞比多斯神殿 Temple of Abydos
- 亞比多斯 Abydos
- Qena
- 哈特神殿 Temple of Hathor
- 登達拉 Dendara
- 帝王谷 Vallery of Kings
- 卡納克神殿 Temples of Karnak
- 哈塞普蘇女王靈殿 Mortuary Temple of Hatshepsut
- 路克索 Luxor
- El Kharqa
- 克奴姆神殿 Temple of Khnum
- 路克索神殿 Luxor Temple
- 艾斯納 Esna
- 荷魯斯神殿 Temple of Horus
- 艾德芙 Edfu
- 孔翁波 Kom Ombo
- 孔翁波神殿 Temple of Kom Ombo

◎景點

N

147

亞比多斯神殿Temples of Abydos

亞比多斯為歐西里斯(Osiris)信仰的中心，不僅每年演出歐西里斯死亡與復活的傳說，法老王及貴族更廣建神殿、石碑，以期亡魂能如歐西里斯一般得以復活；如今僅存塞提一世神殿(Temple of Seti I)見證昔日歷史。塞提一世當時面臨倡導一神論的阿肯納頓(Akenaten)王朝剛結束的混亂局，為鞏固民心，他在亞比多斯建造神殿，恢復膜拜阿蒙·拉、歐西里斯、荷魯斯、艾西斯(Isis)、卜塔(Ptah)等諸神的傳統信仰。

🕐 P.147A1 🚗 由於距離亞比多斯最近的火車站仍有10公里之遠，因此最方便前往亞比多斯的方式是參加從路克索出發的一日遊行程，另外也可從路克索包計程車前往 🏠 位於路克索及索哈傑(Sohag)兩城市之間，距離路克索約3小時的車程 🕐 08:00~17:00 💲 全票 E£100

> 殿內浮雕著諸神為塞提一世加冕、賜予生命，重新強化法老王與神祇的親密關係。

©wikimedia Steve F-E-Cameron

塞提一世另將歷代法老王名羅列在一處牆面上，對後世考古有極大助益。

看似荒涼的塞提一世神殿，緊緊繫著古埃及初始的原始信仰。

©wikimedia Olaf Tausch

位於殿外的歐西里恩(Osireion)遺址，傳說是歐西里斯埋葬處，傾圮的建築幽幽散發著神秘氣氛。

Did YOU KnoW

什麼？古埃及就已經有直升機、潛水艇了？

塞提一世神殿裡的壁畫被發現刻有類似直升機、潛水艇、飛機的聖書體雕刻，難道古埃及時期就已經有這些科技了？其實這是因為石牆上的雕刻曾經被修改過，時間久了雕刻因風化作用導致新舊雕刻重疊了，於是出現了像直升機的圖案。

©wikimedia

這組聖書體雕刻也被稱為「法老直升機」(helicopter hieroglyphs)。

登達拉Dendara

哈特神殿Temple of Hathor

登達拉的哈特神殿和艾斯納的克奴姆神殿都是托勒密王朝(Ptolemaic Dynasty)時期的建築。為了面朝尼羅河，神殿打破了傳統的坐落方向，將東西向改建成南北向，更捨棄了巍峨的塔門，展現建築風格上極大的轉變。殿內敬奉神祇哈特及其丈夫荷魯斯、兒子哈松圖斯(Harsomtus，又名Ihy)。

⚑P.147B1 ⊙可以從路克索所搭乘約40分鐘的火車抵達Qena後，轉搭計程車前往哈特神殿。另外也可參加從路克索出發，前往亞比多斯神殿和特神殿的一日遊行程 ⌂位於路克索北方約60公里處，距離路克索約1.5小時的車程 ◔07:00~17:00 ⑤全票E£120

神殿裡大部分神祇面容都被基督徒損毀了，只剩下極少數還算完整的哈特女神像。

殿後外牆頂端還裝飾著獅頭出水口。

Did YOU KnoW

哈特神殿是唯一一座能確認建造日期的神殿

哈特神殿興建於西元前54年7月16日，稍晚增建的歐西里斯(Osiris)聖堂則於西元前47年12月28日動工。這些精確的日期數字源自殿內所繪的黃道圖，專家們利用史料結合圖中的星辰，推算出驚人的明確結果。

黃道圖原在聖殿東側的聖室天花板，真品今收藏於羅浮宮，聖室內所見為仿製模型。

哈特神殿立體圖

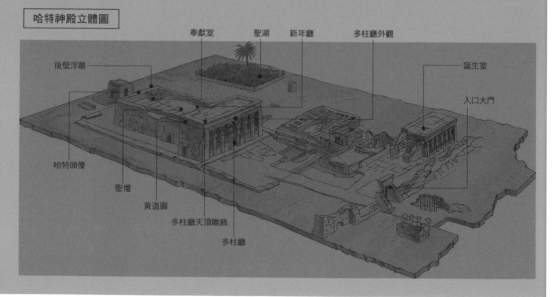

奉獻室　聖湖　新年廳　多柱廳外觀
後壁浮雕
誕生室
入口大門
哈特頭像
聖壇
黃道圖
多柱廳天頂雕飾
多柱廳

入口大門
大門左側留有原鑲於柱頭的哈特女神頭像及貝斯神(Bes)像。

誕生室
這間誕生室為羅馬皇帝奧古斯都為哈特女神及其子哈松圖斯所建，前端左右各有一間儲藏室，兩側還有柱廊。

柱頭飾有庇祐分娩的保護神貝斯像。

立柱柱頭雕飾有著牛耳的哈特女神頭像。

多柱廊外觀
外牆浮雕著羅馬皇帝提比略(Tiberius)、克勞狄烏斯(Claudius)敬奉哈特、荷魯斯等諸神的場景。

多柱廊
24根立柱柱頭並非浮雕傳統的紙莎草或蓮花，而一律雕飾哈特女神頭像，遺憾的是，許多女神容貌遭基督徒毀損。

多柱廊天花板雕飾
多柱廊精緻的天花板雕飾，描繪天空女神努特(Nut)伸展身子撐起宇宙，並分別於天頂兩端展現努特在黃昏吞噬太陽，到了清晨又誕生太陽的情景。

18艘小船其實是曆法計算的方式，每艘船代表10天，180天構成了半年。

Did YOU KnoW

電燈泡在愛迪生發明之前，古埃及就已經有了？

神殿地下密室發現了類似電燈泡的壁畫雕刻，被稱為「登達拉燈泡」(Dendera Light)。有人認為這解釋了為何古埃及金字塔密道內都沒有發現應該要有的照明火把煙燻痕跡，而且這些密道或密室內理應沒有足夠的氧氣讓火把燃燒，或許古埃及真有現在無法想像的史前文明存在？另外，由於蓮花在埃及神話中孕育了太陽神，因此也有學者認為這雕刻講的是太陽神的誕生。

「燈管」則代表著天空女神努特的子宮

從蓮花裡爬出的蛇象徵了生育

節德柱(djed pillar) 代表歐西里斯的脊柱，象徵著穩定和永恆的力量

聖壇

通過第二多柱廳及通廊就來到殿內的聖壇，龐大的石室聖壇為十多間小室所包圍。由壁上浮雕可以推知聖壇內原設有石龕，安置著哈特雕像以及每年赴艾德芙(Edfu)會見丈夫荷魯斯所乘的聖船，但現今都已蕩然無存。

新年廳

這間挑高的小廳是新年期間舉行宗教儀式的地方，隱藏於錯綜複雜的通道後方，讓人有柳暗花明的驚喜感。

後壁浮雕

殿後外牆的西側雕刻著末代女王克麗奧佩脫拉(Cleopatra)和她與凱撒所生的兒子小凱撒(Caesarion)雙雙敬奉哈特女神的場景。

女王纖細的蜂腰為當時主流美學的表現。

現今湖水已乾涸，長滿了綠樹及灌木。

聖湖

聖湖四周環抱圍牆，四個角落都設有階梯通往湖底。傳說荷魯斯大戰賽特(Seth)的戲碼，以及哈特與荷魯斯的婚禮儀式都是在此舉行。

奉獻室

每年新年期間，供奉於聖壇內的哈特女神雕像，就會循西側階梯抬入奉獻室迎接旭日，象徵與太陽神結合，儀式完成後，再循東側階梯返回聖壇，慶典盛況雕刻於石梯兩側的牆壁上。

艾德芙Edfu

荷魯斯神殿Temple of Horus

荷魯斯神殿又稱作艾德芙神殿，由於興建略遠於尼羅河谷地較高處，躲過了洪水的侵害，堪稱是埃及保存最好的神殿，不僅塔門、外牆、庭院、神殿都維持原貌，浮雕內容更涵蓋古埃及崇拜的諸神傳說，因而備受推崇，是一座集神殿建築、神學、象形文字於一身的「圖書館」。

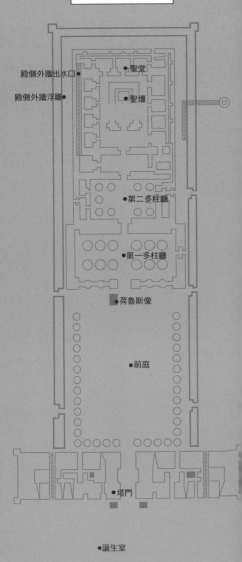

荷魯斯神殿平面圖

殿側外牆出水口
殿側外牆浮雕
聖堂
聖壇
第二多柱廳
第一多柱廳
荷魯斯像
前庭
塔門
誕生室

神殿旁側外牆上的出水口為獅頭形狀。

⚑P.147B2 ⊘可從路克索、孔翁波或亞斯文搭乘迷你巴士前往艾德芙，由車站步行前往神殿約需20分鐘；另外尼羅河遊輪也停靠艾德芙，碼頭邊有馬車可帶領遊客前往神殿(需議價) ⌂位於亞斯文北方約105公里處，距離孔翁波約60公里 ◷07:00~17:00 ⑤全票E£200

女神哈特每年從登達拉逆流而上與丈夫荷魯斯相會的場景。

建了一百多年的神殿

托勒密三世於西元前237年開始建造神殿，因適逢上埃及動盪不安之時，工程斷斷續續持續了180年，直到西元前57年托勒密十二世(埃及豔后的父親)時期才竣工，而它在19世紀中被馬里埃特(Auguste Mariette)發現以前，長時間埋藏於沙土和石礫之間。

慢工細活的品質歷經兩千多年的考驗依舊動人。

塔門 Pylon

高聳的雙塔門浮雕著托勒密十二世屠殺敵人向荷魯斯獻祭的場景：托勒密十二世在鷹神面前抓著敵人的頭髮，並以權杖敲打他們的頭顱。

入口大門兩側立著兩尊以黑色花崗岩雕成的老鷹，象徵荷魯斯。

前庭 Court of Offering

東、西、南三面柱廊環抱著前庭，32根石柱柱頭呈現混合式風格，每個柱頭均裝飾著不同的圖案。

聖堂 Sanctuary of Horus

位於聖壇後方的聖堂安置著聖船，前端飾有荷魯斯木雕胸像。在兩千多年前，聖船密封於實心堅牢的松木大門後，平時只有法老王或大祭司可以接近，一般民眾只能在節慶期間一窺它的真面目。

門楣中央可以看見兩隻支撐圓盤的眼鏡蛇，以及後方展開的鷹翅。

荷魯斯像
Falcon Statue

與塔門前的雕像同樣以黑色花崗岩雕成，頭戴代表上、下埃及雙王冠的鷹神，具體展現王權與神祇的合而為一。

誕生室 Birth House

位於神殿前方的誕生室，慶賀荷魯斯和哈特之子哈松圖斯誕生，可見哈特哺育愛子的浮雕。

Did YOU KnoW

荷魯斯之眼到底有多厲害？

在神殿壁畫或是文件記載中常常出現的荷魯斯之眼，左右眼都各有特別含義，其中左眼代表月亮，右眼代表太陽。而傳說中荷魯斯的左眼被殺父仇人賽特戳瞎，多虧了妻子哈特女神將其治癒，並獻給父親歐西里斯讓他復活，所以古埃及人相信荷魯斯的左眼有使死人復活重生的力量。

荷魯斯之眼被認為是可趨吉避凶的護身符號，時常被刻在飾品或器物上。

殿側外牆浮雕

古時的艾德芙當地每年都會舉行一場「勝利慶典」，並按例演出一場荷魯斯報父仇的好戲，這齣膾炙人口的好戲的高潮就是由法老王或祭司上場扮演荷魯斯最後一擊刺死化身河馬的賽特。而慶典的壓軸活動是大家分食河馬形狀的糕餅，意味著完全消滅賽特。

賽特化身為體型嬌小的河馬，被荷魯斯持10支魚叉刺死以報父仇。

第二多柱廳 Inner Hypostyle Hall

同樣擁有12根石柱的第二多柱廳，柱廳的左後方有一間實驗室，所有儀式和供神所需的香精與焚香都曾在此製造與保存。這些以鮮花榨成的香精收藏於雪花石膏瓶中，放得越久越香，品質也越優良。

牆壁上點綴著建殿慶祝儀式以及荷魯斯和哈特所乘坐的聖船的浮雕。

實驗室四周牆壁上的浮雕描繪的正是製作花精的方法。

第一多柱廳 Outer Hypostyle Hall

廳內立有12根雕飾繁複的石柱，分為左右兩個內室，左邊為祝聖室，是昔日祭司更衣行滌淨禮的所在；右邊則為圖書館，原為紙莎草紙文獻儲藏處。

這裡的浮雕以神殿的創立為主軸，從測量土地到法老王參與神殿興建、以及最後將神殿獻給荷魯斯神的場景。

聖壇 Antechamber

經過通廊就來到位於殿後的聖壇，這座內室宛如殿中殿，結構高大堅實，東、西、南三面環設

敬奉敏(Min)、歐西里斯(Osiris)、哈特(Hathor)、孔蘇(Khonsu)、拉(Ra)等諸神的小聖室，繁複的浮雕佈滿各壁。

尼羅河丈量儀 Nilometer

荷魯斯神殿中也有一座尼羅河丈量儀遺跡，位於右面殿側外牆旁的地下，有階梯可以通往下方，過去用來預測來年的農作物收成。

孔翁波神殿Temple of Kom Ombo

根據考證,這座神殿可能建築在中王國時期的遺址上,今日所見的建築大約於西元2世紀時由托勒密六世(Ptolemy VI)開始興建,由托勒密八世(Ptolemy XIII)完成內外的廊柱廳,至於周邊的城牆則由羅馬第一任皇帝奧古斯都增建於西元30年左右,只不過大部分多已毀損。而殿內的浮雕大多是在托勒密十二世及羅馬時期完成的。

⚠P.147B2 🚗前往孔翁波最方便的方式,是從路克索包計程車同時遊覽艾德芙和孔翁波,或是從亞斯文包計程車前往孔翁波。另外,搭乘尼羅河遊輪停靠孔翁波,碼頭就在神殿旁,可步行前往 🏠位於亞斯文北方約45公里處 ◑07:00~19:00 💲全票E£160

孔翁波神殿立體圖

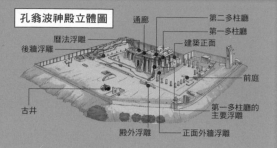

通廊　第二多柱廳
曆法浮雕　第一多柱廳
後牆浮雕　建築正面
前庭
古井　第一多柱廳的主要浮雕
殿外浮雕　正面外牆浮雕

Did YOU KnoW

古埃及獨一無二的雙神殿

孔翁波神殿同時供奉鷹神Haroeris(荷魯斯的其中一個化身)和鱷魚神索貝克(Sobek)的神殿,在埃及絕無僅有,不僅因為它是少數獻給「惡神」的神殿,更因為它採雙神信仰與雙神殿的形制。

古埃及黃金之都——孔翁波

名稱原意為「大量(Kom)黃金(Ombo)」的孔翁波,從史前時代開始就一直是座熱鬧的城鎮,當地居民以務農為主,種植甘蔗與小麥。到了波勒密王朝時期,這裡成為重要的軍事基地,而埃及人與努比亞人之間的金礦交易,甚至與衣索匹亞(Ethiopia)的大象交易,都以此為據點,連帶帶動這座城鎮的繁榮。

前庭
前庭的前方原立有高大的塔門，兩側建有高牆，現今都已傾圮，庭中所立的16根石柱也僅餘殘柱。

建築正面與柱頭
建築正面採雙入口形式，分屬鷹神和鱷魚神，祂們各自擁有自己的祭司，中央門楣上端留有托勒密十二世敬奉神殿的題詞。

北側供奉鷹神，南側供奉鱷魚神，對稱的建築結構成神殿全貌。

建築正面外牆浮雕
在建築正面雙入口的兩側各有一幅浮雕，面對建築左邊的那幅敘述鷹神Haroeris和朱鷺神圖特(Thoth)為托勒密七世舉行滌淨儀式。

通廊及第一、二多柱廳

在抵達聖壇之前會先經過兩座多柱廳，左邊獻給鷹神，右邊屬於鱷魚神，細看立柱和浮雕中便能發現其主角是誰了。

第一多柱廳的主要浮雕

◎柱廳左側浮雕
女神艾西斯(Isis)和獅頭女神Raettawy將托勒密七世介紹給鷹神，一旁還伴隨者朱鷺神圖特(Thoth)。

◎柱廳右側浮雕
象徵上埃及的奈庫貝特(Nekhbet)兀鷹女神和下埃及守護女神眼鏡蛇瓦傑(Wadjet)，在索貝克神面前為托勒密七世加冕上、下埃及的雙皇冠。

曆法浮雕
神殿中的浮雕除了描繪神話故事和法老王供奉神祇等場景外，還會記載奉獻貢品的日期與數量，此「貢品表」浮雕位於索貝克神殿中，標示了古時曆法的計算方式，十分珍貴。

古井
神殿外還留有一口深井，這曾是神殿的重要水源，傳說也供信徒行淨身禮用。

殿外浮雕
神殿敬奉的鷹神及鱷魚神手持著代表生命之鑰的「安可」(Ankh)，居中的橢圓形圖飾刻著法老王的名字。在浮雕的另一面，可以看見類型男性生殖器的圖案，它是生殖之神敏(Min)的簡化象徵。

後牆浮雕
神殿外圍有一條通道，可通往後牆浮雕，在這裡除了可看見荷魯斯之眼外，還有一組內容似外科手術的器械的浮雕，包括手術刀、骨鋸、牙科器材等。

學者推論這組器具可能與信徒來此膜拜鷹神祈求治癒疾病的宗教獻祭儀式有關。

誕生室
誕生室位於鷹神神殿中，是鷹神Haroeris出生的地方，其浮雕可見艾西斯分娩和哺育鷹神的場景。

屋頂的鷹神壁畫依舊色彩繽紛。

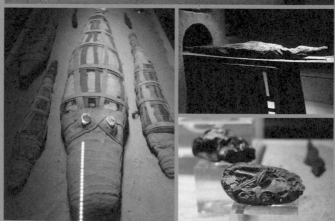

鱷魚木乃伊博物館
神殿外有一座小型博物館，裡面收藏了十幾隻鱷魚木乃伊，甚至還有小到還在蛋中的模樣，相當特別。

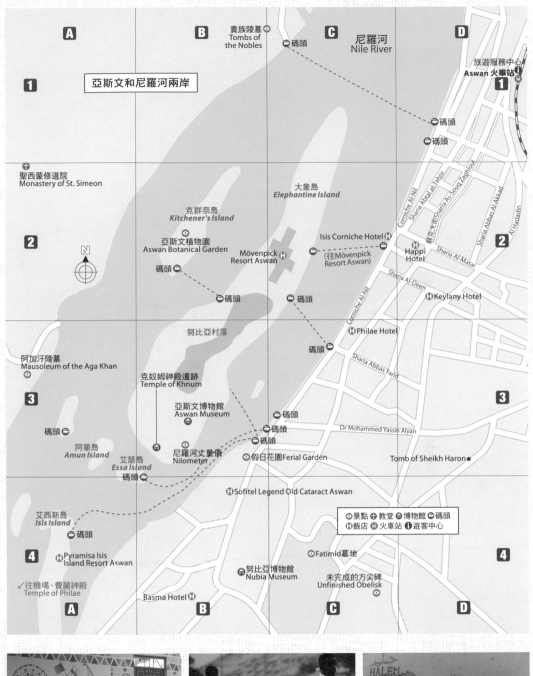

亞斯文和尼羅河兩岸

尼羅河
Nile River

A B C D

1

貴族陵墓
Tombs of
the Nobles

碼頭

旅遊服務中心
Aswan 火車站

碼頭

碼頭

聖西蒙修道院
Monastery of St. Simeon

大象島
Elephantine Island

克群奈島
Kitchener's Island

亞斯文植物園
Aswan Botanical Garden

Mövenpick
Resort Aswan

Isis Corniche Hotel

(往Mövenpick
Resort Aswan)

Happi
Hotel

2

碼頭

碼頭

碼頭

Keylany Hotel

努比亞村落

Philae Hotel

阿加汗陵墓
Mausoleum of the Aga Khan

克奴姆神殿遺跡
Temple of Khnum

亞斯文博物館
Aswan Museum

碼頭

碼頭

碼頭

3

碼頭

阿蒙島
Amun Island

艾瑟島
Essa Island

尼羅河丈量儀
Nilometer

假日花園 Ferial Garden

Tomb of Sheikh Haron

碼頭

Sofitel Legend Old Cataract Aswan

| 景點 | 教堂 | 博物館 | 碼頭 |
| 飯店 | 火車站 | 遊客中心 |

艾西斯島
Isis Island

碼頭

4

Pyramisa Isis
Island Resort Aswan

Fatimid墓地

未完成的方尖碑
Unfinished Obelisk

往機場、費麗神殿
Temple of Philae

努比亞博物館
Nubia Museum

Basma Hotel

A B C D

航向亞斯文的偉大航道

如何前往

飛機

　　亞斯文機場位於市區西南方約25公里處，埃及航空每日都有航班往來於開羅和亞斯文之間，航程約75分鐘；旺季時可能另增往來亞斯文和阿布辛貝的航班，航程約45分鐘。亞斯文機場和市區之間沒有巴士銜接，只能選擇搭乘計程車，車程約20~30分鐘。

火車

　　每日有數班日間班火車往返開羅，車程約14小時，幾乎所有南下或北上火車均停靠孔翁波、艾德芙和路克索。另有專為外國觀光客設立的臥鋪火車，每天往來於開羅、路克索、亞斯文之間。

　　由於發車時刻、票價時有變動，因此於搭車前詢問旅遊服務中心或鐵路服務台，並建議事先購

票。亞斯文火車站位於蘇克大街北端，附近林立旅館和商店。

埃及國鐵
☎2574-8279

亞斯文火車站
☎231-4754

夜鋪火車服務(Watania公司營運)
🌐wataniasleepingtrains.com (可查詢時刻表和預訂)

長途巴士

每日都有車班開往開羅，車程約14小時，但由於班次、時刻、票價等經常無預警的變動，建議最好預先購票。長途巴士車站位於市區以北約3.5公里處。

但開羅到亞斯文路途長遠，搭車無論是時間長短、舒適度或安全度不如飛機和火車，因此不建議使用長途巴士前往亞斯文。

上埃及巴士公司 (Upper Egypt Bus Co.)
☎237-2118

遊輪

亞斯文是尼羅河遊輪的起點／終點，不過遊輪行駛於開羅和亞斯文之間，必須全程參加，詳情見P.20~21。遊輪碼頭位於亞斯文市區，步行前往火車站只需約5分鐘的時間。

亞斯文行前教育懶人包

尼羅河小檔案
發源：盧安達
流入：地中海
長度：6,650公里
流域總面積：325萬平方公里（占非洲總面積的10%）
流經國家數量：11

INFO
基本資訊
人口：約30萬
區碼：97

市區交通
計程車
　　亞斯文市區可以步行方式前往，但如果想參觀努比亞博物館、未完成的方尖碑等，不妨包一輛計程車展開一日遊行程，還可前往近郊的費麗神殿和亞斯文高壩，費用約USD30。
渡輪
　　想前往大象島的人可以搭乘渡輪，共有兩條路線，一是位於埃及航空附近的碼頭，抵達亞斯文博物館，另一是位於Thomas Cook附近的碼頭，抵達Siou。至於要前往貴族陵墓的人，則必須在最北邊、靠近觀光警察辦公室附近的碼頭搭乘渡輪。

旅遊諮詢
市中心
🏠Midan al-Mahatta，位於火車站外
☎231-2811
🕐週六至週四08:00~15:00

觀光行程
乘三桅帆船暢遊尼羅河
　　到了19世紀，乘坐三桅帆船(Felucca)沿尼羅河遊覽上埃及，在旅行者間蔚為風行，當時的西方人認為這是件極具異國情調的事。對遊客來說，尼羅河是首風情無限的詩篇，聆賞這首詩最美的方式就是搭帆船在河上悠遊靜賞夕陽，而最能展現尼羅河優美身段的莫過於亞斯文河段。乘著

三桅帆船悠盪在河上，靜觀絢麗的夕陽緩緩變化著彩光，萬種風情盡在其中。

遊船行程

乘三桅帆船遊賞尼羅河的時光可長可短，1小時繞遊大象島賞夕陽是標準遊程，又或者參加1天的行程，沿著尼羅河遊覽亞斯文周邊景點，包括大象島、貴族陵墓、聖西蒙修道院、努比亞村落等。喜愛水上遊的遊客甚至還可以參加兩天一夜航行至孔翁波(Kom Ombo)或三天兩夜到艾德芙(Edfu)的遊程，夜間可宿於船上或在陸地紮營，觀星、夜遊、生營火等活動可自行決定。

亞斯文的遊船眾多，費用也因此相當紊亂，如議價不成，可尋求旅遊服務中心或飯店代為安排。

騎駱駝到努比亞部落

努比亞村落Nubian Villages

亞斯文高壩落成後，埃及人民受惠，努比亞人民卻被迫四度遷徙，美好的家園及無價的文物消失於水庫中。即便如此，這支在許多昔日出土壁畫與雕刻中被描述成商人或傭兵的民族，依然堅守著自己的傳統，保留了自己獨特文化、建築和語言。他們今日多散居於納瑟湖畔、大象島、孔翁波或是蘇丹南部，因此許多遊客來到亞斯文總會順道拜訪努比亞村落。

遊玩行程

在尼羅河西岸、貴族陵墓附近有一座規模不算小的努比亞村落，當地旅行社提供半日遊行程，讓遊客先搭乘小船漫遊尼羅河，欣賞河岸風光與動植物，隱身於植物間的各種鳥類常帶來驚喜。

而後登上西岸，換騎駱駝前往努比亞村，沿途起伏的沙丘帶來潛入沙漠的體驗。最後登場的是色彩繽紛的房舍，這些以黏土烤製的磚塊砌成的低矮房屋，門口和牆壁裝飾著駱駝、鱷魚、花、鳥等圖案，屋頂或呈圓拱狀，或擁有階梯與平台，一時給人希臘小島的錯覺。

對於努比亞人來說，寵物可是尊貴的一大象徵。能把鱷魚當

第一次騎駱駝不用怕！這樣做更安心～

在埃及許多地方都有機會騎乘駱駝，而在亞斯文，騎駱駝尋訪努比亞村落也是常見的旅遊體驗。如果是首次騎駱駝，大家的反應通常分為期待和擔心兩種，以下小編整理了一些注意事項，可以預做準備，讓大家的騎駱駝體驗更安心！

◎裝備

服裝以方便活動為首選，身上裝備盡量簡單(或收進背包裡)，以防物品在騎乘駱駝時掉落。

◎步驟

駱駝一開始會趴坐在地上，依照駝伕的指示從側面騎上駱駝。騎上駱駝後，抓緊坐墊上的扶手。駱駝會先從後腳站起，這時身體需向後傾斜以保持平衡，接著駱駝會站直前腳，這時身體再向前傾斜。

駱駝坐下時則是先彎曲前腳，接著才是後腳。不過有時候駱駝站起或坐下來只是一瞬間的事，騎乘者難以悠閒的執行分解動作，所以切記緊抓扶手、保持平衡。

◎坐姿

騎乘者的背要打直，為了保持平衡，當駱駝上坡時，騎乘者身體向前傾斜；當駱駝下坡時，身體要向後傾斜。

周邊的費麗神殿與阿布辛貝神殿是亞斯文最大的賣點！

亞斯文
Aswan

亞斯文●

亞斯文是古埃及時期最南端的邊防屏障，埃及通往蘇丹的重鎮，對抗努比亞人的軍事前哨，因此這裡混雜了濃厚的努比亞風情，膚色較為黝黑的人種，色彩更為鮮豔的工藝品，讓亞斯文呈現繽紛的非洲情調。而這處今日非常受歡迎的旅遊聖地，還擁有尼羅河最美麗的河段，清澈無比的河水在夕陽西照時尤為迷人，搭乘白色風帆巡遊更是當地最浪漫的回憶。

相較於開羅與路克索的古埃及遺跡，亞斯文堪稱是一處具有濃厚非洲風情、可令人心情放鬆的度假勝地。

造訪亞斯文市區理由

① 古埃及的貿易中心

② 女法老王未完成的方尖碑

③ 色彩鮮豔的努比亞文化

MAP
P.158

亞斯文市區
Central Aswan

花崗岩是古埃及建造神殿、方尖碑和雕像最佳的材料，因此盛產上等花崗岩的亞斯文可説是造就這個世界三大古文明之一的幕後大功臣。這座位於埃及最南方的小城市是過去與中非通商的重鎮，又因為接近中非的核心，亞斯文當地住有許多努比亞人(Nubian)，因而產生獨特繽紛的努比亞文化。

蘇克大街可以説是亞斯文的縮影，為亞斯文最熱鬧的街道。

至少預留時間
享受和開羅不一樣的景色：
待個1~2天，慢慢玩亞斯文

見P.159~160

見P.159~160

哈塞普蘇女王時期幾近完成，卻因為出現一道裂縫而停工的方尖碑。

色彩繽紛的房舍是努比亞村落最大的特色。

這裡是尼羅河最美麗的河段，河水清澈沁涼，夕陽景象美麗得無以復加。

怎麼玩
亞斯文市區才聰明？

騎駱駝到努比亞部落

尼羅河西岸的**貴族陵墓附近**有一座規模不算小的努比亞村落，旅行社提供的行程有些還包括了騎駱駝前往努比亞村，**體驗在沙漠行走**的感覺。關於騎駱駝的小提示可見P.162。

坐帆船暢遊尼羅河

亞斯文擁有尼羅河最美麗的河段，清澈無比的河水在**夕陽西照時尤為迷人**，搭乘白色風帆巡遊是亞斯文標準行程，更是當地最浪漫的回憶。

橫跨古王國至羅馬統治時期的墓地

貴族陵墓矗立於亞斯文對岸的山丘上，隱鑿於岩石間的古墓多達八十多座，但如今只開放大約6座供遊客參觀，少數保存完善的墓室，展現了珍貴的古埃及裝飾藝術。

Did YOU KnoW

辦婚禮已經夠累人了，努比亞人還要一連辦7天？

努比亞人認為結婚是人生大事，在婚禮前新人家族會一邊演奏熱鬧音樂一邊到各村落迎接親戚們，通常一場婚禮甚至會邀請超過三千人呢！雖然目前多數努比亞人已移居城市，婚禮天數也縮減為2~3日，但婚禮要廣邀全族盛大舉辦的習慣依舊根深蒂固在努比亞人心中！

必看重點

尼羅河中的**大象島**是是古埃及時期的亞斯文所在地，今日的亞斯文市區其實非常迷你，**用走的幾乎可以看完全城**～

蘇克大街
Sharia as-Souq

MAP P.158 D2

如何前往

出火車站即達

　　緊鄰火車站的蘇克大街是亞斯文的縮影，簡樸的咖啡館飄著香甜的水煙味、白花花的陽光映著色彩鮮麗的香料，商家站在街邊殷勤的邀客入內參觀，種類齊全的埃及特產一字排開，遊客走過這條長達300公尺的大街，總得懷著「過關斬將」的勇氣。

未完成的方尖碑
Unfinished Obelisk

MAP P.158 C4

如何前往

從火車站搭乘計程車前往，約10分鐘可達

info

🚩位於火車站以南約2公里處

🕐08:00～17:00

💰全票E£80

　　這根方尖碑由哈塞普蘇女王下令打造，高度將近42公尺，即使幾近完成，卻因為一道裂縫而被迫停工。由此也不難看出哈塞普蘇女王承受的壓力：這位奪權的女

法老王為了證明合法性和權勢，必須以這麼一根驚人的方尖碑懾服眾人。

在這片遼闊的岩石山中，躺著一根原本可能成為全世界最高的方尖碑。

亞斯文：亞斯文市區

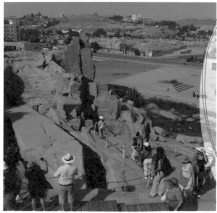

努比亞博物館
Nubian Museum

如何前往

從火車站搭乘計程車前往，約10分鐘可達

info

🔹Sharia Abtal at-Tahrir

🔹209:00~13:00、17:00~21:00

🔹全票E￡140

博物館展現了努比亞地區從史前時代到現代6,000多年的完整歷史、文化與藝術。館藏涵蓋史前時期到新王國時期的雕像、浮雕、武器…再運用大量的模型、照片、文字輔導說明，並另闢科普特區、伊斯蘭教區，解說努比亞於5~12世紀歷經宗教信仰轉變的過程。

主建築由埃及建築師哈金(Al-Hakim)擔綱，他以古典風格設計外觀。

因建壩工程而衍生的文物保存計畫

亞斯文高壩雖然可解決水患和旱災等問題，然而水壩形成的人工湖卻會全盤淹沒努比亞部落和部分神殿群。為了拯救這些珍貴的文物，埃及向國際求援，數十國家的專家在建壩工程啟動之後，竭盡所能的遷移神殿、收集文物，衍生出40項工程的龐大計劃，其中努比亞博物館的成果斐然，堪稱該計劃中的典範。這鬼斧神工的重建工程在館內也有專區詳細介紹。

拉美西斯二世雕像

這尊位於展覽大廳醒目位置的拉美西斯二世雕像，來自尼羅河河谷中的胡珊神殿(Temple of Gerf Hussein)。

木乃伊面具

館內展示的數個木乃伊面具都貼有金箔，這個大象島出土、蓄鬚的木乃伊，其身分為祭司。

公羊木乃伊棺木

這座貼有金箔的公羊木乃伊棺木，是大象島上克奴姆神殿旁出土的文物，傳說人類是由羊頭人身的克奴姆神自陶製的輪中創造出來的。

努比亞屋宅

館方運用模型重現努比亞部族裝飾豐富的多彩屋宅和生活情景。

戶外園區

園區的泉水設計表達流淌的尼羅河賜予埃及美景和生命。

史前岩洞

戶外展區擺設了彩繪史前岩畫的石洞，岩畫內容涵蓋多種動物。

亞斯文：亞斯文市區

大象島
Elephantine Island

MAP
P.158
C2,B2,
B3

如何前往

可從亞斯文市區搭乘渡輪前往

　　位於尼羅河中的大象島是埃及最古老的地區之一，如今出土的器具可遠溯史前時代。在中王國及新王國時期，大象島持續繁榮昌盛，不僅為戍守南疆的要塞，貿易交流更是達成顛峰。

Did YOU KnoW

大象島其實和大象
一點關係都沒有

名稱來自古名「Abu」，原意為「大象」或「象牙」。關於「大象島」由來有兩種說法，一與過去是重要的象牙交易地區有關，另一說則因河岸邊的巨大鵝卵石遠看很像躺著曬太陽的大象。

亞斯文博物館
Aswan Museum

亞斯文博物館的前身是水壩建築師威廉·威爾卡克爵士(Sir William Willcocks)的住所，1912年改設為博物館，收藏因建壩而被淹沒的亞斯文和努比亞文物。這些文物涵蓋的年代久遠且種類豐富，從日常用具、手工藝品到木乃伊、武器，展現從前王朝到羅馬統治時期生活於大象島上的居民豐沛的層面。此外，隨著島上遺跡的開挖，館方於1998年擴建新翼，以收藏陸續出土的文物。

尼羅河丈量儀
Nilometer

位於大象島南端的尼羅河丈量儀保存良好，標有希臘字母及阿拉伯數字，近代加了塊以公尺為刻度單位的大理石板。尼羅河氾濫高度越高，則肥沃土壤越多，來年的收成必將更多，過去的地方政府以此來訂定徵稅的額度。

這座丈量儀肩負測量水位的重責，直到亞斯文建壩後才功成身退。

克奴姆神殿遺跡
Temple of Khnum

位於亞斯文博物館旁的克奴姆神殿充滿了傳奇色彩，據傳，古埃及曾逢多年旱災，因而建造神殿祭祀尼羅河神克奴姆(Khnum)及其妻子塞蒂斯(Satis)，以求河水氾濫帶來耕作沃土。遺憾的是神殿如今已傾圮只剩牆基，往昔的規模只能憑空想像。

與古埃及人生計緊緊相扣的尼羅河丈量儀

尼羅河的起落對古埃及人有很大的影響，因此許多地區都設有尼羅河丈量儀，測量尼羅河的水位高低和水量增減，以推斷當年河水氾濫的可能性。尼羅河氾濫可堆積沃土利於耕作，反之則可能造成旱災，因此檢測水位可推算來年稅收是否豐盈，足以影響國家經濟之本。

位於開羅的尼羅河丈量儀

調節了尼羅河的水位，也因水利帶來發電，助長了埃及的工業發展。

造訪亞斯文高壩理由

1 埃及民族的驕傲

2 全世界最大的人工湖

高壩落成的同時，也誕生了全世界最大的人工湖——納瑟湖。

亞斯文高壩
Aswan High Dam

MAP P.171 B1

亞斯文高壩於1971年落成，在落成當時是全世界最大的水壩。它不但讓埃及可耕地多出了30%的面積、發電量多出一倍，多出的電力連帶使得當地工業獲得發展，除足以供埃及國民使用外，更可外銷至鄰國。不過對埃及人來說，此高壩興建最大的成就應是靠自己力量完成此艱鉅工程的民族驕傲。

至少預留時間
只看高壩：約1~2小時
高壩+費麗神殿：半天

最方便的方式是從亞斯文搭乘計程車前往

🕐09:00~17:00　💲全票E£100

「蓮花塔」刻有埃及與蘇聯的國徽以及當時的領導人。

為了感謝蘇聯提供興建水壩的專業技術，埃及政府在高壩附近建了紀念埃及與蘇聯友誼的「蓮花塔」。

亞斯文高壩小檔案
高度：110公尺
長度：3,830公尺
寬度：980公尺 (底部最寬)
總容量：132立方公里

怎麼玩亞斯文高壩才聰明？

一日遊行程

在規劃亞斯文高壩的行程時，不妨考慮包**一輛計程車**展開一日遊行程，順道前往努比亞博物館、未完成的方尖碑及費麗神殿，費用約USD30。

這裡的廁所不是免費的喔！

埃及不論景點或休息站的廁所都是要收費的，收費通常是每人E£5，建議大家**多準備一些小額紙鈔或零錢**比較方便。如果身上剛好沒有零錢，收費員也不提供找零的話，不妨和幾個朋友一起揪團上廁所吧！

歷經重重難關的亞斯文高壩

當時埃及興建高壩最大的困難在於缺乏資金和技術，因歐洲國家反對國際銀行貸款給埃及，於是納瑟將軍決定將長期被英法兩國控管的蘇伊士運河(Suez Canal)收歸國有。最後在美國的施壓下，聯合國終於下令要求將此運河的所有權還給埃及，運河的收入則為高壩提供部份資金。蘇聯政府也提供興建水壩的專業技術，使亞斯文高壩不再是紙上談兵。

亞斯文周邊

孔翁波 Kom Ombo
孔翁波神殿 Temple of Kom Ombo
亞斯文 Aswan
亞斯文高壩 Aswan High Dam
費麗神殿 Temple of Philae
納瑟湖 Lake Nasser
南部河谷發展計劃
Amada Temple
阿布辛貝 Abu Simbel
阿布辛貝神殿 Temples of Abu Simbel
景點

同樣是遭受建壩水淹的威脅，但與阿布辛貝神殿相較，費麗神殿的命運更加多舛……

費麗神殿儼然已成為亞斯文最迷人的地標之一。

 MAP P.171 B1 **費麗神殿**
Temple of Philae

如何前往

從亞斯文搭計程車至Shellal碼頭，車程約10分鐘，而後搭船前往島上，一艘船至少可坐8名乘客，船夫招攬人數滿後開。但因無單位管束船夫，因此船費相當紊亂，最好至少湊足8人包船渡河，價格和船夫先講價，返程另行找船隻搭乘，因船夫等待的時間計價昂貴，無須包船來回。每個人費用約E£40

info

◉Agilika Island ⑤全票E£200

🌐soundandlight.show

這座神殿目前保留下來最古老的建築，約可回溯到西元前3世紀的法老王內克塔內布一世(Nectanebo I)；而遺址中最重要的部分則是從托勒密二世(Ptolemy II)任內開始建造，並且不斷增建長達500年的時間。在羅馬統治初期，這座神殿備受呵護，彰顯羅馬統治者對埃及信仰的包容，迄今已歷三千多年歲月，依然屹立於尼羅河的懷中。

Did YOU KnoW

差點永沉水底的3,000年神殿！

早在1902年首度興建亞斯文水壩時，費麗神殿已遭水淹，到了1932年第三度擴建水壩時，費麗神殿所在的費麗島全部沉入水下。為了避免費麗神殿永沉水底，UNESCO決意將這座神殿遷往附近比原先所在島嶼高20公尺、且地貌類似的阿基利卡島(Agilika Island)。由於神殿已遭水淹，因此先在費麗島四周建起了一道封閉的圍堰，抽乾堰內河水後，再將45,000塊岩石切割拆除，移往附近的阿基利卡島後按原貌重建，終於1980年3月，費麗神殿宣告重建完畢，其新貌與往昔並無二致。

亞斯文：亞斯文高壩

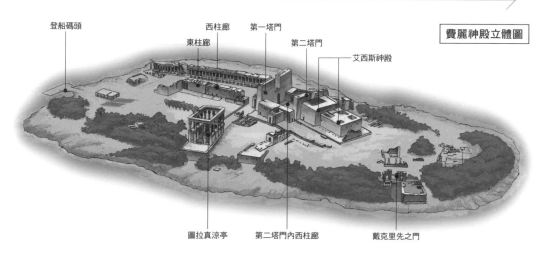

費麗神殿立體圖

登船碼頭　　西柱廊　第一塔門
東柱廊　　　第二塔門
　　　　　　艾西斯神殿
圖拉真涼亭　第二塔門內西柱廊　戴克里先之門

費麗神殿也有夜間聲光秀喔！
就如歐西里斯被妻子艾西斯女神復活，他們的神話故事透過炫麗的燈光與音樂也在費麗神殿重現。由於演出時間會隨季節變動，請先向旅遊服務中心或官網查詢最新資訊，包括每場演出所播放的語言。

西柱廊 Western Colonnade

整體建築為托勒密三世所建，柱廊壁面浮雕是羅馬統治時期的傑作，壁上的開窗原可眺望與費麗島相鄰的畢佳島(Biga Island)。

32根立柱保存良好，柱頭雕飾為混合形式。

東柱廊 Eastern Colonnade

前庭的東側列柱還處於未完工的狀態，柱廊南端供奉努比亞守護神阿瑞斯努菲斯(Arensnuphis)的神殿、位於中段後方的獅首人身曼杜利斯(Mandulis)小神殿、位於北端供奉祭司印和闐的殿堂都已傾圮。

戴克里先之門 Gate of Diocletian

戴克里先之門據推斷應是慶祝勝利所造的拱門遺跡，由河上遠觀景色更勝一籌。

壁面浮雕法老王奮勇殺敵的場景。

第一塔門 First Pylon

第一塔門始建於托勒密五世及六世時期，直至托勒密十二世才完成整體雕飾。塔門前原立有一對雕刻象形文字和希臘文的方尖碑，現僅餘一對石獅守門。

第二塔門 Second Pylon

同樣興建於托勒密六世，由托勒密十二世完成雕飾。塔門旁的巨碑重達200噸，記載著位於尼羅河第一瀑布(First Cataract)附近的

Dodekaschoinos地區對艾西斯神殿的諸多奉獻。

壁面浮雕托勒密六世敬奉歐西里斯、艾西斯、荷魯斯的場景。

第二塔門內西柱廊 Western Colonnade of Second Pylon

西柱廊規模不大，但柱身雕飾精采，柱頭鑲雕女神哈特(Hathor)頭像，值得細賞。

艾西斯神殿 Temple of Isis

這座多柱廳前半部為露天，後半部有蓋頂，天頂浮雕著展翅的女神奈庫貝特神(Nekhbet)。走過佈滿浮雕的通廊，後方的聖壇原擺有艾西斯神所屬的三桅聖船，現已蕩然無存。

牆面浮雕著托勒密王朝君王敬奉諸神。

圖拉真涼亭 Kiosk of Trajan

由14根立柱及半牆環抱，精緻的柱頭雕為混合式風格，最初可能蓋有木頭屋頂，現已成露天。神殿開有兩道門，其中一面面對著尼羅河，推斷是初始登島的入口。

圖拉真涼亭又被稱為「法老王之床」(Pharaoh's Bed)，是費麗神殿中最知名的一景。

與金字塔和獅身像人面齊名，但在19世紀以前，它不過是一則掩埋於漫天沙土中的傳說。

阿布辛貝神殿共由拉美西斯二世大神殿(Great Temple of Ramesses II)和娜菲塔莉神殿(Temple of Nefertari)兩座神殿組成。

MAP P.171 A2

阿布辛貝神殿
Temples of Abu Simbel

大阿布辛貝神殿確實是空前絕後的建築奇蹟，耗時30年建成，敬奉著曼菲斯(Memphis)的守護神卜塔(Ptah)、底比斯的守護神阿蒙·拉(Amun-Ra)、海利奧波利斯(Heliopolis，今開羅)守護神拉·赫拉克提(Ra-Horakhty)，以及拉美西斯二世自己。從霸守門面的威武巨像到紀錄戰役的繁複浮雕，已足使拉美西斯二世生前逝後都名揚天下，他所企求的永垂不朽已然達成。

從亞斯文乘車往返阿布辛貝神殿的路上，不妨看看窗外景色，說不定可以看到「海市蜃樓」的現象喔！

大阿布辛貝神殿立體圖

- 聖壇
- 側室
- 第二多柱廳
- 第一多柱廳浮雕
- 第一多柱廳雕像
- 狒狒雕像
- 拉·赫拉克提雕像
- 法老王名浮雕
- 拉美西斯二世雕像
- 哈比浮雕
- 俘虜浮雕

造訪懸空教堂理由

1 永垂不朽的拉美西斯二世神殿

2 古埃及的象徵之一

3 1979年被列為世界文化遺產

大阿布辛貝神殿頂端羅列著敬迎朝陽的22隻狒狒雕飾，狒狒是古埃及神祇圖特(Thoth)的化身之一。

至少預留時間
過去一趟，路途遙遠：至少半天

◎位於亞斯文以南280公里處
◎06:00~17:00
◎全票E£275(10/22及2/22全票E£500)
◎攝影票E£300，如要用腳架拍照需另付E£20

◎巴士
比較方便的方式是搭乘旅遊服務中心、當地飯店或旅行社安排的巴士或行程。
◎飛機
埃及航空提供從開羅、亞斯文飛往阿布辛貝的航班，飛抵阿布辛貝機場後，可搭乘機場巴士前往神殿，參觀神殿停留的時間約1.5小時，這是配合回程的航班時間，注意不要延誤，一定要準時回到入口處搭乘機場巴士返回阿布辛貝機場搭機。
◎www.egyptair.com

怎麼玩阿布辛貝神殿才聰明？

神殿夜晚聲光秀

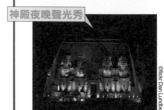

阿布辛貝神殿透過音樂與燈光，在遊客眼前**重現拉美西斯二世時期的宏偉**。演出時間為20:30、21:30。
◎全票USD21.03、半票USD8.9

遵守攝影的規範

為了保護文物，阿布辛貝神殿曾經禁止拍照，如今已放鬆規定，只要購買攝影票便可以在神殿隨意攝影，但**不可使用閃光燈**。若沒有購買攝影票，則千萬不要抱持著偷拍一張照片做紀念的僥倖心態，一旦被工作人員發現，很有可能被收取高額罰款。

納尼？阿布辛貝神殿是從其他地方搬過來的？！

1960年代興建高壩的決策，對神殿構成威脅，為了搶救阿布辛貝神殿，51國專家學者齊赴埃及，聯合國教科文組織集資約4,600萬美金，選定比原址高約65公尺處為新址，趕工整建岩床，同時將大、小阿布辛貝神殿切割成1,000多塊石塊，小心翼翼的搬遷至新址重新組建，這項浩大工程於1968年9月宣告完工。

努比亞博物館裡的神殿模型：透明玻璃為建壩後形成的納瑟湖，因原址被湖水淹沒，所以搬到如今的位置。

Did You Know

每年的這兩天，阿布辛貝神殿特別多人、門票也特別貴？！

卜塔、阿蒙・拉、拉美西斯二世和拉・赫拉克提，由左至右安坐在整體建築的中軸線上，每年逢10月22日及2月22日這兩天，陽光會穿越前廳照入聖壇。奇妙的是，只有3位神祇受光，唯獨冥神卜塔依然隱身於陰暗中。

這兩天據說分別為拉美西斯二世的誕生日以及登基日，法老王可藉太陽神獲取新生的能量。這項「奇景」成為阿布辛貝神殿最大的賣點，每年總吸引眾多人潮前來參觀。

必看重點

外觀與19世紀重現天日時一樣，3,000多年前的建築手筆與現代工程的再造魄力都令人驚嘆。

亞斯文：阿布辛貝神殿

拉美西斯二世大神殿(大阿布辛貝神殿)

右側第二尊石像的頭部毀於西元前27年的大地震，其頭部位於前方的地面上。

拉美西斯二世雕像

神殿入口處端坐著四座高度超過20公尺的巨型石像，他們頭戴斑紋頭巾和一統上、下埃及的雙王冠。立於雕像腳邊的小雕像為皇室成員，包括拉美西斯二世的母親穆蒂(Mut-Tuya)和皇后娜菲塔，以及最受寵愛的幾位兒子Amenhirkhopshef、拉美西斯，和女兒Bint'Anta、Nebttawi以及Merytamun等。

俘虜浮雕

緊鄰入口的雕像基座浮雕著被俘虜的敵人，一側為非洲黑人、一側為亞洲人。

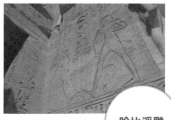

哈比浮雕

再往上看，上端的浮雕內容為尼羅河神哈比(Hapy)，捆綁蓮花及紙莎草的神象徵統一上、下埃及。

拉美西斯二世不朽的名字鎸刻在臂上橢圓形的雕飾中。

法老王名浮雕

位居神殿正中央上端的是拉·赫拉克提(Ra-Horakhty)，這位鷹頭太陽神兩手握著象徵拉美西斯二世帝號的代表物，兩旁浮雕描繪拉美西斯二世手捧瑪特神(Maat)敬獻。

拉·赫拉克提雕像

側室

側室的浮雕描述法老王敬奉諸神的情景。

法老王雕像姿勢仿冥神歐西里斯(Osiris)，象徵著法老王永生不朽。

第一多柱廳雕像

第一多柱廳中央兩側立著8尊拉美西斯二世雕像，雕像高10公尺、背倚方形大柱，左側頭戴代表上埃及的白冠，右側頭戴統一上下埃及的紅白雙冠，雙手在胸前交叉，執握著連枷權杖及彎鉤權杖。頂篷繪有奈庫貝特(Nekhbet)女神展翅護衛上埃及的圖案。

第一多柱廳浮雕

精采的浮雕描述拉美西斯二世的征伐戰績，其中最具代表性的為北面描繪發生於西元前1275年的卡德墟(Kadesh)戰役，四周滿是激烈的肉搏戰鬥、敵軍車毀人亡四散逃逸等景象，人物總數超過千人，宛若一篇璀璨的史詩。

拉美西斯二世在畫面中駕著雙輪馬車、張弓猛擊西臺人。

第二多柱廳

廳內4根方形立柱及四壁浮雕著拉美西斯二世和皇后娜菲塔敬奉諸神的宗教儀式。

娜菲塔莉神殿 (小阿布辛貝神殿)

　　在大阿布辛貝神殿旁有一間小型神殿，是拉美西斯二世專為愛妻娜菲塔莉而建，而這也是古埃及唯一一座法老王為妻子興建的神殿！整體結構與阿布・辛貝神殿相仿，唯獨體積小了許多，6尊雕像分立正面斜壁兩側，各為2尊拉美西斯二世雕像左右護衛著1尊納芙塔蒂雕像，這些雕像高約10公尺。

化身為牛的哈特女神乘船航行於紙莎草叢中，畫面精緻動人。

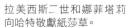

拉美西斯二世和娜菲塔莉向哈特敬獻紙莎草。

神殿內四壁佈滿拉美西斯二世及娜菲塔莉向埃及諸神敬奉鮮花及燃香的情景。

依據傳統，皇后雕像一律立於法老王腳側膝部以下位置，拉美西斯二世打破規範，賜予皇后娜菲塔莉平起平坐的地位，且在神殿內外多處鐫刻夫妻倆人並列的名號，充分顯示娜菲塔莉對拉美西斯二世的重要性。事實上，古埃及的女性與男性的地位與權利差不多，女性可以離婚、工作，甚至可以擁有及繼承財產。

哈特女神像 神殿內的柱頭鑲雕女神哈特(Hathor)的頭像，這一點可以從女性頭像有著牛耳朵瞧出端倪。這座神殿內的多處裝飾細節也和哈特女神相關，顯然小阿布辛貝神殿獻給這位愛和美的女神，也因此又被稱為哈特神殿(Temple of Hathor)。

埃及：
開羅 路克索
亞斯文

31 

埃及：開羅.路克索.亞斯文/朱月華,墨
刻編輯部作. -- 初版. -- 臺北市：墨刻出
版股份有限公司出版：英屬蓋曼群島
商家庭傳媒股份有限公司城邦分公司
發行, 2023.07
180面；16.8X23公分. -- (City target；
31)
ISBN 978-986-289-890-1(平裝)

1.CST: 旅遊 2.CST: 埃及

761.09   112008539

作者朱月華・墨刻編輯部
攝影墨刻攝影組
特約主編朱月華
美術設計羅婕云・許靜萍（特約）
地圖繪製墨刻編輯部

出版公司
墨刻出版股份有限公司
地址：台北市104民生東路二段141號9樓
電話：886-2-2500-7008／傳真：886-2-2500-7796
E-mail：mook_service@hmg.com.tw

發行公司
英屬蓋曼群島商家庭傳媒股份有限公司城邦分公司
城邦讀書花園：www.cite.com.tw
劃撥：19863813／戶名：書虫股份有限公司
香港發行城邦（香港）出版集團有限公司
地址：香港灣仔駱克道193號東超商業中心1樓
電話：852-2508-6231／傳真：852-2578-9337
城邦（馬新）出版集團 Cite (M) Sdn Bhd
地址：41, Jalan Radin Anum, Bandar Baru Sri Petaling,
57000 Kuala Lumpur, Malaysia.
電話：(603)90563833／傳真：(603)90576622／
E-mail：services@cite.my

製版・印刷凱林彩印股份有限公司
城邦書號KV4031 **初版**2023年7月
定價380元
ISBN978-986-289-890-1・978-986-289-892-5 (EPUB)

MOOK官網www.mook.com.tw
Facebook粉絲團
MOOK墨刻出版 www.facebook.com/travelmook

執行長何飛鵬
PCH集團生活旅遊事業總經理暨墨刻出版社長李淑霞

總編輯汪雨菁
資深主編呂宛霖
採訪編輯趙思語・陳楷琪
叢書編輯唐德容・王藝霏
資深美術設計主任羅婕云
資深美術設計李英娟
影音企劃執行邱茗晨

資深業務經理詹顏嘉
業務經理劉玫玟
業務專員程麒
行銷企畫經理呂妙君
行銷專員許立心
行政專員呂瑜珊
印務部經理王竟為

U0020409